KB057113

이단은 어떻게 정통에 맞서왔는가

이단은 어떻게 정통에 맞서왔는가

2018년 6월 15일 초판 1쇄 펴냄

펴낸곳 도서출판 **삼인**

지은이 후지타 쇼조
옮긴이 윤인로
펴낸이 신길순

등록 1996.9.16 제25100-2012-000046호
주소 03716 서울시 서대문구 연희로 5길 82(연희동 2층)

전화 (02) 322-1845
팩스 (02) 322-1846
전자우편 saminbooks@naver.com

디자인 디자인 지폴리
인쇄 수이북스
제책 은정제책

©2018, 후지타 쇼조
ISBN 978-89-6436-142-9 93300

값 15,000원

일러두기

1. 이 책은 藤田省三, 『異端論斷章』(藤田省三著作集 第10卷, みすず書房, 1997)를 옮긴
   것이다.
2. 저자가 윗점을 찍어 강조한 것은 고딕체로 표기했다.
3. 원문에 각 장 끝에 미주로 처리되어 있는 저자주는 기호를 붙여 본문의 각주로
   배치했고, 혼동을 피하기 위해 역자주 및 주요 인명은 숫자를 붙여 표기했다. 역자가
   본문 속에 첨가한 것은 대괄호 '[ ]' 속에 넣었다.
4. 표지에 쓰인 저자 사진의 저작권 보상을 위해 노력하겠습니다. 저작권자를 알고 계신
   분은 출판사에 연락주시면 고맙겠습니다.

이단은 어떻게 정통에 맞서 왔는가

주술제의적 정통성 비판

후지타 쇼조 지음   윤인로 옮김

삼인

저작집 머리말

뒷모습에 대하여

내가 죽는다면 이제까지 쓴 것들을 상하 두 권의 전집으로 출판하는 일을 오래전부터 미스즈쇼보^{みすず書房}와 약속해놓고 있었다. 성서 구절은 아니지만 일찍이 '약속은 성취된다'고 했던바 여기에 이르렀다. 그러나 내가 '전집'이란 것을 상하 두 권으로 한정했던 것은 젊었을 때부터 존경했던 후카세 모토히로[1] 씨의 사후 전집의 예를 단순히 따랐던 것일 뿐이다. 후카세 씨의 전집은 그의 수수한 인품과 그것에 대응하는 과작을 비유해 말하듯, 그 박학함에도 단 두 권만으로 눈에 띄지 않게, 요시오카 미노루[2] 씨의 품격 있는 장정 아래 지쿠마쇼보^{筑摩書房}

- 1 후카세 모토히로(深瀬基寬, 1895~1966), 『엘리어트의 시학』의 저자.
- 2 요시오카 미노루(吉岡實, 1919~1990), 쇼와 후기의 시인, 장정가^{裝幀家}.

에서 간행됐던 것이다. 나는 (엘리엇에 대한 해석 일부를 빼
고는) 생활 방식을 포함해 무엇이든 그를 닮고 싶다고 생
각했던 것이다.

　　원래 나는 저자 본인이 살아 있는 동안에 저작집이
나 전집 같은 것이 공표되는 일을 좋아하지 않지만, 저자
본인이 살아 있는 동안에 그런 것을 내는 일에는 큰 단점
과 함께 얼마간의 이점이 있음도 깨달았다. 단점이란 물
론 저자의 말참견이 불가피하게 생겨나 실무의 진행을
방해하는 것이지만, 그 반면에 말이 모자랐던 곳이나 틀
리게 말해버린 채로 남아 있는 곳에는 약간의 손질을, 예
컨대 짧은 주석을 더함으로써 말하고자 했던 뜻을 표현
상 얼마간 개선할 수 있을지도 모른다고, 그런 일이 없지
않으리라고 생각하게 된 것이다. 그리하여 어차피 현재
내 몸의 상태로는 피할 수 없을 민폐를 감안하고서 '어
디 한번 해볼까' 하는 마음이 들게 된 것이다. 나의 '시대'
와 '인생'은 끝난 것이므로, 그렇게 인간으로서가 아니라
'수라修羅'가 되어 '인공항문 생활'의 고통으로 가득 찬 '연
옥煉獄'을 견뎌낼 실마리로 삼아볼까, 하고 결의했던 것이
다. 유감스럽게도 상하 두 권으로 마무리될 것 같진 않지
만, 10여 권이나 20여 권까지는 되지 않을 것이다.

　　인생은 타협의 **원칙**을 탐색하는 일이므로 이쯤에서
타협하자. 덕분에 어쩌면 '[타협에서의] 최선의 수'(골든

민[Golden Mean, 중용적인 것])가 될지도 모를 일이다. 이 죽일 놈의 수라의 일그러진 귀신 얼굴조차도 얼마간 다른 사람들의 웃음을 끌어낼지도 모를 일이기에, 일그러진 그 얼굴은 피에로에게 어울리는 결말일지도 모르겠다. 그렇게만 된다면 그보다 다행인 것이 없겠다.

내가 존경하는 친구 고바야시 쇼이치로 씨의 즉흥구에 '제각각의 뒷모습이나 늦가을'이라는 것이 있거니와, 나의 뒷모습이 '학사원이나 문화훈장이나 공로상'과는 관계없는 피에로적 수라인 것은 기쁜 일이다. 뒷모습은 중요하다. 그것은 취소할 수 없고, 역행하는 것이 불가능한 종국終局이며, 자기에게는 보이지 않는 것이기 때문이다. 즉, 그것은 인식주관의 개입을 허락하지 않는다. 시각적 직립보행 동물로서의 인간은 '보면서 걷고, 걸으면서 보는'(베르그송) 것을 인식의 근본 형식으로 하지 않을 수 없으므로, 자기의 뒷모습은 완전한 완료형으로서 손도 눈도 더할 수가 없다. 그것은 장켈레비치[3]가 말하는 '시간의 객관성(절대적 과거)'을 응결시키는 몇 안 되는 예인 것이다.

• **3** 블라디미르 장켈레비치(Vladimir Jankélévitch, 1903~1985), 철학자, 음악이론가. 저작으로 『앙리 베르그송』(1931), 『죽음』(1966), 『도덕의 역설』(1981) 등이 있다.

생활사회가 국가(및 국가를 중심으로 하는 제도의 체계)로부터 독립했던 적이 없는 일본에서는, 본래 주종관계를 전제로 하는 '공로'라는 개념 자체란 어떤 형용구를 앞에 붙여도 국가·제도에 대한 '공로'를 뜻한다.

그에 대한 고바야시 쇼이치로 씨의 명언은, 말하고 싶지도 않은 부득이한 비평이라는 전제 아래, (나도 마찬가지지만) 다음과 같은 것이었다.

그러한 '상'을 누구에게 주면 좋고 누구에게 주면 나쁠까 하는 것이 제도의 대표자(상을 수여하는 자)에게도 상을 받는 자에게도 알 수 없게 된 것이 현대의 일본이라는 것.

이 '기준 없는 비非사회'가 오늘 이른바 '일본 사회'의 근본 특징일 것이다. 예컨대 요시다 시게루[4]라면 아무리 우수한 학문적 업적을 들어 말해도 오쓰카 히사오[5]에게 '상'을 주려고 하지는 않았을 것이다. '역 또한 참'이라서 서로 잡탕죽이 되어버리고 마는 것이 현대의 일본일 것이다. 그 안에서 말기의 우리는 살아가고 있는 것이므로 기준에 대한 감각, 특히 '상'에 대한 기준 감각은 위트를 동반해 연마되지 않으면 안 될 것이다.

무엇보다, 대학교수가 제대로 일하지 않고도 연봉 1천만

• **4** 요시다 시게루(吉田茂, 1878~1967), 정치가.
    5 오쓰카 히사오(大塚久雄, 1907~1996), 경제사학자, 무교회주의자.
    『오쓰카 히사오 저작집』(전 13권)이 있다.

엔을 넘기는 오늘, 대학교수가 아닌 채로 열심히 공부하는 사람이 어떤 사정으로 얼마간의 '돈'이 필요해지고, 이를 위해 원하지도 않는 '상'을 받아야만 하는 경우가 있을 것이다. 그때는 솔직히 그 뜻을 밝히는 것도 위트 있는 '기예'에 속한다. '상'에 대한 야유가 들어 있기 때문이다.

위의 주석은 본래 여기 「머리말」의 본문 속에 편입되어야 할 성질의 것이지만, '수라'에게도 다소간의 측은한 마음이 움직이고 있다고 보여 주석으로 조심스레 자제해놓은 것이다. 그러나 그 주석의 취지는 '뒷모습'이라는 것의 의미를 논하는 한, 중요한 현상으로서 우리 눈앞에 놓여 있다.

수년 전 어떤 출판사가 미스즈쇼보에 나의 저작 한 권을 신서新書의 형태로 넣었으면 하고 요청했었던 것 같다. 저자에게는 전혀 알리지 않고(시간이 지나서 쌍방으로부터 들었다) 미스즈쇼보는 정중히 거절했고 그렇게 '판권'을 지켜준 덕에 지금 이 저작집이 '결정판'으로 실현될 수 있었다. 저자의 수입이나 사회적 명성이라는 면에서 보면 신서에 넣어 출간하는 쪽이 훨씬 이익인 것은 아무리 둔한 '수라'일지라도 충분히 알 수 있다. 그러나 그런 것을 무시하고 생각하는 곳에만 내가 더듬어 찾던 빈약한 뒷모습=역사의 조촐한 특징이 있다면 위의 사건

은 기쁜 것이다. '수라'는 이 저작집이 완성될 수 있도록
육체의 마지막 힘을 쥐어짜서 하찮은 것이되 약간의 '새
로운 문장'을 보태면서, 우정 깊은 몇몇 친구의 진심 어
린 원조에 기대어 노력하지 않으면 안 되었다. 이리하여
'뒷모습'은 오늘 본연의 존재 양태를 단말마斷末魔의 단계
에 이르기까지 규정한다. 괴테는 일찍이 '경험이라는 것
은 언제나 경험의 절반에 지나지 않는다'라는 진리를
입에 담았던 듯하지만, 나는 지금이야말로 그 경험 속
의 '나머지 숨은 절반'을 속속들이 드러내기 위해 발버
둥치고 있다. 베르그송이 말하는 '기억'이나 '지속'은 오
늘을 향한 '뒷모습'의 그러한 규정성을 포함하고 있는
것일까? 하나의 문제이다.

되도록 권수가 늘지 않기를 바라고 있다.

1997년 봄
후지타 쇼조

목차

보주補註를 겸하여

이 책에 실린 일군의 단편, 나로서는 성가신 경과를 더듬었던 그것들은 이다 다이조[1] 씨 등에 의해 고故 마루야마 마사오 선생의 자택 서고 골판지 상자들에서 발견된 듯하다. 그 속에 들어 있던 나의 미완성 원고 약 150매와 '[정통과 이단] 연구회'에서의 나의 「보고」, 그것을 둘러싼 이시다 다케시[2]·마루야마 마사오 두 선생의 질의응답으로 된 '토론 기록'을 지쿠마쇼보가 묶어 마루야마 선생 자택으로 선생 사후에 보낸 모양이다. 원고도 「보

---

  1 이다 다이조(飯田泰三, 1943~), 일본 정치사상사학자.
  2 이시다 다케시(石田雄, 1923~), 정치학자. '정통과 이단' 연구회 멤버, 마루야마 마사오 최초의 제자. 주요 저작으로 『메이지 정치사상사 연구』(1954), 『일본 근대사상사에서의 법과 정치』(1976), 『자치』(1998), 『마루야마 마사오와의 대화』(2005) 등이 있다.

고」도 내 것임에 틀림없는데 내가 모르는 경로로 마루야
마 선생의 서고로 보내진 것 같다. 선생 댁에도 필시 폐
를 끼쳤을 것이라 삼가 추측한다.

　내가 썼던 것임에 틀림없는 그 원고는 등사판 인쇄
와 초벌 교정쇄로 되어 있었다. 건네주었던 것은 1967
년 3~4월로, 손으로 쓴 원고 뭉치였다.

　1967년 5월 4일, 나는 영국의 지방대학에 2년 계약
직을 찾아(알선해주었던 것은 친구 마틴 콜릭이었다) 영국 셰
필드를 향한 여로에 올랐다. 그 일을 눈앞에 두고 기한
을 훨씬 넘긴 글 「이단론」을, 몹시 서둘러 썼던 150매 미
완의 원고 형태로(그러나 방향만은 제시했다) 직접 넘긴 다
음 영국으로 건너갔던 것이다.

　등사판으로 인쇄됐던 것은 그 이후 두 분 선생의
'비판적 토론'을 위한 것이었는지도 모른다. 그러나 나
의 육필 원고는 아직까지도 내 손에 돌아오지 않고 있
다. 등사판으로 인쇄된 것이 영국으로도 보내져 왔었고
동일한 것이 최근에도 영국으로 보내졌던 봉투 그대로
한 번 더 발송되어 왔을 뿐이다. 100퍼센트 확실히 나의
원고이긴 하지만 말이다.

　내용상의 문제로 들어가자. 두 가지 점에 대해서만
말한다.

　먼저 첫째로, 그때까지의 기나긴 시간 동안 지체된

연구회 속에서 우리 3인 모두는 '정통과 이단'이 분명히 구별되고 있는 사회의 전형은 '그리스도교 사회'이고, 일본은 그것과는 다르며 오히려 그 반대에 가깝다는 **일반**적·**추상**적 사고의 한 지점에서는 일치하고 있었다.

그러나 나는 포스터의 책에서 추천되고 있던 덕분에 기번의 대작[『로마제국 몰락사』]을 영어로 가능한 한 주의 깊게 읽으면서(이와나미岩波 문고의 지독한 오역을 이와나미의 편집자에게 몇 번이나 말했을 것이다!), 「이단론」을 쓸 때를 대비해 아타나시우스파와 아리우스파의 논쟁 문제를 홀로 찾아보며 사고하고 있었다. 그것을 중심으로 이단과 '교회 우위의 삼위일체설'(5세기의 아우구스티누스)이 성립되는 과정의 전사前史를 될 수 있는 한 구조적으로, 영국행 직전에 거칠게 썼던 것이다. 조야한 것이었으되 나의 독자적인 것이기도 했다.

둘째는 연구회 「보고」 중, '메이지明治' 이후의 '근대 일본사' 속에서 '내란'·'소요'·'운동'이라는 세 개의 범주를 구별하고 그 각각의 특징을 서술했던 것이 나로서는 새로운 논점이었다. 나의 조야함을 치밀한 것으로 만들려는 교육자적 배려도 있었는지, 대선배는 '박학'의 모든 지식을 열심히 동원하여 비판적 질문의 호우를 퍼부으셨다. 그 점, 감사하기 그지없다. 그래서 될 수 있는 한 비판적 질문에 대해서는 받아들이는 방향에서 답할 수 있도록 하였다.

　그러나 그때도 지금도 '질문과는 다르다'고 생각하고 있는 점이 두세 가지 있다. 대표적인 것만 들기로 하자.

　예컨대 「보고」에서 '지치부秩父 소동'[3]은 '자유민권운동' 속에서 일어난 것이라고 말했지만, 「토론」 중에 반론적인 것으로 '지치부 소동'은 '소요'에 지나지 않는 것이 아닌가 하는 속뜻을 지닌 비판적 질문이 있었다. 이에 대해 나는 '지치부 소동'이 '자유민권운동'을 입체적으로 구성하는 세 개 혹은 네 개의 서로 다른 중심적 사정 중 하나였지, 단순히 무계획적이고 돌발적이며 편승적인 '소요'와는 다른 것이라고 그때나 지금이나 생각하고 있다. 그 세 개 혹은 네 개 중 하나는, 말할 것도 없이 전국적 규모에 가까울 정도가 되었던 '청원운동'이고, 또 하나는 '헌법초안 작성'의 움직임이며, 그 위에 또 다른 하나는 나카에 조민[4]이나 사이온지 긴모치[5] 등으로 알려진 '신문 논설[1881년 창간된 『도요지유신문(東洋自由新聞)』 등]'을 통한 '여

　• 　**3** 지치부 사건. 메이지 17년(1884) 10월 31일부터 열흘간 사이타마 현 지치부 군의 농민들이 정부를 대상으로 일으킨 무장봉기. 자유민권 운동의 영향 속에서 발생한 '격화사건(激化事件)'의 대표적인 예이다.
　　4 나카에 조민(中江兆民, 1847~1901), 사상가. 중의원 의원. 자유민 권운동의 이론적 지도자로, 루소를 일본에 소개했다.
　　5 사이온지 긴모치(西園寺公望, 1849~1940), 정치가, 종1위 대훈위 공작, 교육자.

론 만들기'이다. 그리고 이 경우 잊어선 안 되는 것은 서
민을 대상으로 한 『마루마루진문團團珍聞』[6] 같은 다소 우
스개 섞인 신문의 존재이고, 더불어 길거리의 노래나 야
담 형태로 전개되었던 소위 교양과는 관계없는 사람들
을 향한 움직임의 확장이었다.

이러한 입체적 구성 속에서 '지치부 소동'은 '농민
봉기'의 전통을 포함한 농촌 중심형의 광범위한 '지역운
동'적 성격을 띤 주요 부분이었고, 지도자 집단 속에 야
쿠자적 인물이 있었다고 말할 정도로 그 중심적 위치의
객관적인 의미를 누락해서는 안 된다고 생각하고 있다.

그렇게 해서 특히 '청원운동'적 합법주의와 이에 반
감을 표했던 곳으로부터의 실력주의적 운동론은 예컨대
1960년 안보투쟁에서도 보이는 것처럼 전후戰後에도 계
승되고 있다. '60년 안보' 시기의 청원운동주의는 요시
노 겐자부로[7] 씨가 도야마 시게키[8] 씨의 저서 중 '자유민

•   **6**   노무라 후미오(野村文夫)가 창간한 풍자·골계 잡지. 메이지 10년
    (1877)부터 40년(1907)까지 발행. '진문'이란 진기한 내용의 이야기나
    이상한 소문을 뜻한다. 풍자와 익살이 담긴 하이쿠와 그림 등을 통해
    메이지 정부의 상황을 비꼬아 인기를 얻었고, 자유민권운동의 활황세
    와 함께했다.

    7   요시노 겐자부로(吉野源三郎, 1899~1981), 잡지 『세카이世界』의 초
    대 편집장, 평론가, 번역가, 반전운동가, 아동문학가.

    8   도야마 시게키(遠山茂樹, 1914~2011), 일본근대사학자.『도야마 시
    게키 저작집』(전 9권)이 있다.

권운동' 부분을 읽고 시미즈 이쿠타로[9] 씨를 설득, 잡지
『세카이世界』에 「청원을 권함」을 쓰게 했던 것에서 발생했
었고 그것에 우리 중 많은 이들도 참가했었다. 그 결과로
국회의사당 주변에 10만 명이 넘는 사람이 모여 결국 국
회를 포위한 형세까지 되었던 것이다. 다수의 위력을 운
동의 형태로 표출하는 데 '청원권의 행사'(합법적 권리의
동원)가 불가결한 것이었음은 거기서 잘 드러나고 있다.

그러나 반면에 그에 대한 반동으로서 진정으로 '실
력'에 의한 권력의 타도를 지향한 학생·젊은이 사이에
선 '청원권'에 기대는 방식이 지닌 합법주의나 법질서
내부에 머무는 운동방식이 미적지근한 것으로 느껴졌
고, 그 결과로 **당시의 이른바** '3파 전학련全學連'(10년 후의
자칭 '전공투全共鬪[전국학생공동투쟁회의]'의 전신)과 같은 질서적
제도 전체에 대항하려는 하나의 실력주의적 운동을 낳
게 되었다. 대체로 그러한 양극 분화는 어떤 시대, 어떤
사회에서의 반정부운동에도 존재한다. 그것들 속에서
메이지의 '지치부 소동'은 농민봉기의 전통을 잇는다는
점에서 역사적 경험을 참고의 규준으로 하며, 그렇게 '지
치부 지방' 일대에 정착함으로써 미나모토노 요리토모[10]

• **9** 시미즈 이쿠타로(清水幾太郎, 1907~1988), 사회학자, 평론가.
   10 미나모토노 요리토모(源賴朝, 1147~1199), 가마쿠라 막부의 수임
   정이대장군(首任征夷大將軍), 일본 막부 제도의 정립자.

의 [가마쿠라鎌倉 막부] 시대 이래 지역적 근거지를 가진 견고한 사회정착성을 지속하고 있다. 그런 까닭에 나는 그 소동을 민권운동의 주요한 부분이라고 간주한다. 때문에 이른바 '지치부 소동'의 자리매김에 관한 한, '석학'으로 알려진 마루야마 선생이 나의 「보고」에 가한 비판은 약간은 어긋나 있는 것이라고 생각한다.

'내란'의 전형은 메이지에서는 말할 것도 없이 '세이난 전쟁'이지만, '하기萩의 난'으로 불리거나 '아키즈키秋月의 난'[11]으로 불렸다고 해서 '시빌 워[civil war, 내전]'로서의 범주에서 제외되는 것은 아니다. 가령 소란 혹은 소요의 측면을 포함하고 있다고 하더라도 그 사건들은 원인과 출발점을 같이하는, 메이지 한바쓰藩閥 정부[12]에 대한 '내란' 형태적 반대의 일환이었다.

한편, 내가 생각하고 있던 '소요'의 전형적인 예

- **11** '세이난(西南) 전쟁'은 메이지 10년(1877), 현재의 구마모토 현과 미야자키 현 등지에서 반(反)유신의 기치 아래 일어난 일련의 사족(士族) 반란 중 최대 규모이다. 맹주는 사이고 다카모리(西郷隆盛). '하기(萩)의 난'은 메이지 9년, 그러한 일련의 반란 중 야마구치 현 하기에서 일어났다. '아키즈키(秋月)의 난'은 같은 해 후쿠오카 현 아키즈키에서 일어난 반정부 반란이다.

  12 메이지 유신 이후부터 다이쇼(大正) 정당내각의 구성 시기까지 정부 조직과 군대의 요직을 독점했던 4개의 한(藩)과 그 세력 파벌에 의한 지배를 말한다. 4개의 한은 사쓰마(薩摩), 조슈(長州), 도사(土佐), 히젠(肥前) 한. 약칭 '薩長土肥'.

는 '쌀 소동'이고 '다이쇼 정변'이며 '히비야日比谷 방화사

건'[13]이었다(이 사건들의 참가자가 동질성을 가지고 있다는 것

을, 연구회 「보고」보다 훨씬 이전의 학생 시절에 신문의 관련 기

사 일체를 보면서 확인해놓았었다).

　　왜 '운동'의 일환이라 할 수 있는 것이 메이지 시대

전반기에 일어나고, '소요'가 러일전쟁에서 '다이쇼 시

대'에 걸쳐 집중적으로 일어났는가에 대한 내 대답은, 지

금은 하지 않는다. '시대배경'을 생각할 수 있는 사람이

라면 쉽게 상상할 수 있을 것이다(졸문 「어느 역사적 변질의

시대」.[『정신사적 고찰』에 수록]를 참조).

　　「보고」를 둘러싼 「토론」에서의 또 다른 문제는 이른

바 '노농파勞農派'[14]에 관한 것이었다. '대학교수'라는 명예

　•　**13**　쌀 소동은 다이쇼 7년(1918) 쌀 가격의 급등에 따라 일어난 반
　　　정부 사건이다. 히비야 공원 방화사건(1905)은 러일전쟁 이후의 굴욕
　　　적 포츠담 강화조약에 반대하는 국민집회 중에 벌어진 폭동이다. 다
　　　이쇼 정변은 다이쇼 2년(1913) 1차 헌정옹호운동에 의한 3차 가쓰라
　　　다로(桂太郎) 내각의 붕괴를 가리킨다.
　　　14　일본 자본주의의 성격을 두고 노농파와 강좌파(講座派) 간의 논
　　　쟁과 대립이 있었다. 노농파라는 이름은 1927년 창간된 잡지 『로노
　　　(勞農)』에 따른 것이며, 그 이름은 일본 자본주의 성격에 대한 경제
　　　학자, 사회운동가, 정치가, 문학인의 공통 인식을 가리킨다(집중적 조
　　　직이나 지도부는 없었다). 그런 공통의 인식이란, 메이지 유신이 불철저
　　　한 부르주아혁명이었으며, 천황제는 부르주아 군주제이고, 당면 정치
　　　투쟁의 대상은 금융자본·독점자본을 중심으로 한 제국주의적 부르
　　　주아지이고, 그런 한에서 혁명의 성격은 사회주의혁명이 되어야 하는
　　　것이었다(좌담 『사회주의협회 테제』의 학습을 위해」의 1장 '노농파와 강좌
　　　파'). 이에 대해 강좌파 마르크스주의자들(1930년대 초반 이와나미에서

가 도쿄대 교수를 중심으로 하는 '대학교원 체계'를 뜻
하는 한에서 '관방학官房學'15)의 문제에 지나지 않는다는
것은 현장의 「토론」에서 말했던 대로이다(전후, 노농파 와
키무라 요시타로16) 씨의 자세를 보면 일목요연하기 때문에 다른
예를 들고 싶지 않다). 그러나 잊어선 안 되는 것은, '다이
쇼 말기'(1923년)에 '노농파'가 되는 집단이 비록 허술한
것이었지만 이미 기관지를 내고 있었다는 사실이다. '다
이쇼 말기'에 야마카와 히토시17), 사카이 도시히코18) 등

---

* 간행된 『일본 자본주의 발달사 강좌』에서 유래한 이름)은 메이지 정치체제
를 절대주의로, 사회경제체제를 반봉건지주제로 규정하고 혁명의 성
격은 2단계 혁명론(천황제 타파로서의 민주주의혁명이 사회주의혁명으로
강제적으로 이행·전화해야 함)이 되어야 한다고 주장했다. 강좌파는 당
대 일본의 권력체계를 구성하는 세 가지 요소로 '천황제'와 '지주적
토지소유'와 '독점자본'의 합성을 꼽았던 코민테른 '32년 테제' ― 후
지타 쇼조가 직접 인용하고 있는 그 테제는 다음과 같다. "천황제는,
한편으로는 주로 지주인 기생적·봉건적 계급에 의거하고, 다른 한편
으로는 급속하게 부유해지고 있는 탐욕스러운 부르주아에 의거하여,
그들 계급의 상부와 대단히 긴밀한 영속적 블록으로 두 계급의 이익
을 대표하면서, 동시에 그 독자적인, 상대적으로 거대한 역할을, (…)
그 절대적 성질을 유지하고 있다."(『천황제란 무엇인가』, 『천황제 국가의
지배원리』, 김석근 옮김, 논형, 2009, 25쪽) ― 를 옹호했으며, 당대 일본
공산당의 기초 이론이 되었다.
15 16~18세기 독일·오스트리아에서 발달한, 국가재정의 경영에 관
한 중상주의적 학문 체계.
16 와키무라 요시타로(脇村義太郎, 1900~1997), 노농파 경제학자, 도
쿄대 교수.
17 야마카와 히토시(山川均, 1880~1958), 재야 경제학자, 사회주의자,
사회운동가, 노농파 마르크스주의의 지도적 이론가이다.
18 사카이 도시히코(堺利彦, 1871~1933), 사회주의자, 역사가, 소설가.

에 의해 『스스메進め』라는 기관지를 가진 집단으로 결성
되고, 그 뒤 '노농파'의 이론적·사상적 역량은 기관지와
는 별개로 이노마타 쓰나오[19] 등에 의해 충실해졌던바,
그들 모두는 대학교수 체제에 대한 반대의 맏아들 격이
었던 것이다. 이 한 가지 사례는 중요한 키포인트이다.
거기에 역사적 전변轉變의 주요문제가 모조리 쌓여 있기
때문이다.─여기까지가 두세 가지 요점에 대한 나의 생
각이었고, 그것은 지금도 변하지 않고 있다. 요약문 같은
개략을 보주로 써놓는 까닭이 거기에 있다.

1997년 4월 10일
후지타 쇼조

• **19** 이노마타 쓰나오(猪俣津南雄, 1889~1942), 마르크스주의 경제학
자, 노농파 논객.

추기追記

보주를 쓰는 과정에서, 존경해야 할 마루야마 선생과의 의견 차를 넘어 혹시라도 지나친 실례가―없었다고 생각하지만―잘못 섞여 들어가 있다면, 이시모다 쇼[20] 선생의 이른바 '백면서생'적 논쟁 취향을 가졌던 선생의 흐뭇한 버릇을 봐서 용서해주시길 빌고 싶다. 마찬가지로 '백면서생적 논쟁벽癖'이었던 '후지타 군' 쇼조로부터.

그리고 또한 존경해야 할 선배 이시다 다케시 씨의 '비판'―'노농평의회'에 관한 이시다 씨의 단적인 명언 중 적어도 하나에 대해 나는 찬동의 뜻을 지녔다고 기억하고 있지만―을 언급한 것이 너무 적었음에 대해서도 또한 양해를 부탁드리고 싶다. 어쨌든 이시다 다케시 씨 혼자만이 유일하게 약속된 집필 기한을 지켜, 결국 총 3회씩이나 원고를 건네고 있었던 것이다.

- **20** 이시모다 쇼(石母田正, 1921~1986), 사학자, 유물사관에 근거한 고대사 및 중세사 연구로 일본 전후 역사학에 지대한 영향을 미쳤다.

서문

'권력투쟁'이라든가 '파벌항쟁'이라든가 그것에 수반되는 '음모의 착종錯綜'이라든가 하는 '정치적' 현상은 인간 사회의 역사와 함께 오래전부터 존재해왔다. 그러나 그런 **종류**의 '정치적' 현상이 실제로 존재한다는 것 이상으로 문제인 것은 '신앙의 대립'이나 '사상의 논쟁'이나 '이론의 차이'라고 하는 '정신적' 현상이 누차 위와 같은 '정치적' 현상과 교착하고, 심한 경우에는 양자가 들러붙어 흡사 같은 성질의 현상인 양 나타나게 되는 것이다. 더불어 한층 더 문제인 것은 그런 사실이 **누차** 존재한다는 것이 부주의하게 **일반화**됨으로써, '정신적' 현상을 일반적으로 '논의'하고 '해석'하는 경우에 그런 '해석'이 누차 '권력투쟁'이나 '파벌항쟁'이나 '정치적 음모'의 문맥에 종속되어 행해지게 된다는 것이다. 그러한 상황은 지금도 우리 눈앞에서 혹은 세계적 레벨에서 혹은 국내적 레벨에서 그보다 작은 집단적 레벨에서 밤낮으로 반복되고 있다. 그리고 '진정한 것'에 대한 진지한 접근의 노력을 잃고 오로지 타인의 '흥미'를 자극하는 것에만 관심을 갖게 되면 이와 같은 '해석' 태도가 위세를 떨치게 된다. 이는 정치적 정신까지도 포함된 일체의 '정신'적 관계를 무엇보다 프리미티브한[원시적인] '정치적' 관계로 환원함으로써, 인간이 가진 '헐뜯어 깎아내리는' 취미를 만족시키고 그러한 '인간 취미'의 원죄성에 대한 자각을 상실하게 하며 '현존하는' 경험적 인간으로 하여금 손쉽게 **자기만족**에 흘러들도록 한다. 하지만 더욱 성가신 것은 그러한 '해석 태도'가 사회에 넓게 삼투해갈 때 '정신상'의 대립자 또한 상대방에 대해 서로를 마키아벨리즘적 안경을 끼고 '해석'하게 된다는 것이다. 그렇게 되면 '정신적' 다툼은 **그 자체가** '정치적' 항쟁이 된다. 그리하여 앞서 서술했던 문제의 3단계, 곧 〔I〕 인간 사회에서의 '권력항쟁'이라는 보편적 존재, 〔II〕 그것과 '사상적 다툼' 간의 교착적 존재, 〔III〕 '사상적 다툼'을 '권력항쟁'의 문맥에서만 '해석'하는 태도의 발생이라는 3단계 문제의 복잡화 과정은 순환하기에 이른다. 그리고 그 과정을 한 번 순환한 뒤에 드러나는 현상은 '숭고한' 사상체계 간의 논쟁이 집단 간의 '비속한' 정치적 항쟁과 내면적으로 뒤얽힌 '정치적'='정신적' 다툼이 되는 것이다.* '정치의 사상사'와 함께 '철학의 정치사'(딘햄)가 존재하게 되는 이유이다. 인류의 역사 속에는 그러한 '최고의' 정신적 차원과 '무엇보다 원시적인' 권력적 차원이 뒤얽혀 있는 다툼이 어찌 그리도 많은 것인가.** 또 모든 다툼에 대해 그것을 바라보는 방법이 어찌하여 도를 넘는 현격한 차이를 갖고 '사상'의 관점과 '정치'의 관점이라는 양극으로 나눠지는 것인가. 게다가 사실과 해석의 두 차원에 있어 그 양면이 차원의 구별을 잃고 혼탁해져 수습할 수 없는 다툼으로 드러나고, 거꾸로 그 한쪽 극, 권력적('이 세상'의 세력) 우열이 그런 **양면**을

• *, ** 여기서 사상체계나 정신적 현상이라는 말에 '숭고한'이라는 **허세 부린** 형용사를 붙이는 것은, 물론 '이른바'라는 뜻이다. 정치적 현상에 있어 그 반대의 허세 부린 형용사['비속한']도 또한 마찬가지이다. 정신은 인간에게 보편적인 것이기에 참된 구별은 높은 정신과 낮은 정신 사이에 있을 뿐이다. (그것도 높고 낮음이라는 규준이 타당한 경우에 한해서이다. 좀 더 넓게 타당한 구별 규준은 타입[유형]의 차이라는 것이다. 고저의 규준이 종축이라면 타입 규준은 횡축이다. 어째서 후자 쪽이 좀 더 넓게 타당한 규준인지는, 정신이 인간에게 보편적으로 존재하는 것이라는 근본적 사실로부터 온다. 그러나 그렇다고 해서 고저 규준의 **의미**가 작아진다고는 단정할 수 없다. 그 이유도 또한 정신의 보편성으로부터 생긴다. 정신의 보편성의 자각이 많은 경우에만 정신은 그만큼 많이 스스로를 실현하기 때문이다. 곧 정신의 보편성은 **사실**이면서 동시에 자각 **되어야 할** 의미이기도 하다, 라는 정신의 이면성(二面性)이 위와 같은 두 개의 측정 축을 필요로 하고 있음을 나타낸다.) 그리하여 정신은 정치 속에도 물론 존재한다. 한마디로, '정치'라고 하더라도 벌거벗은 권력관계로부터 군중의 조작, 집단의 통합, 질서의 형성에 따르는 가지각색의 기술 등, 광범위한 레벨과 타입에 응하는 다양한 종류의 정치가 있다는 것에 주의했으면 한다.

포함한 다툼 **전체**의 최종적 판정자가 되는 상황에 우리는 몇 번이나 맞닥뜨리고 있는 것인가. 역사의 그런 비극적인 미로에서 우리 인간을 놓여나게 하는 길은, 먼저 그 미로의 구조를 궁구하려는 노력으로부터만 열린다고 나는 믿는다. 그러한 '질문'과 문제해결의 노력을 보증하려는 정신이야말로 우리의 내면적 정통사상이다.

　그리하여 나는 기번이 『로마제국 몰락사』***에서 로마교회 확립 과정 속의 아타나시우스[1]와 아리우스[2] 정통·이단 논쟁을 다루면서 서술했던 다음과 같은 명제를 주목하지 않을 수 없다. 그는 총괄적으로 말하고 있다.

　　***『로마제국 몰락사(The [History of the] Decline and Fall of the Roman Empire)』[1776~1788]의 번역(이와나미 문고판)은 대체적인 의미를 파악하기 위해서는 편리하고 나와 같이 어학력이 없는 이에 한해서는 도움이 되어도 기번의 서술이 갖는 섬세함이나 그 자체로서는 사소한 부분이되 거기에 표현되어 있는 의미가 전체에서 실로 중요하다고 할 수 있는 것을 파악하기엔 그다지 좋은 번역이라 할 수 없다. 요컨대 원서에 대한 이해가 부족하다고 느껴지는 번역이다. 그러나 어쨌든 대작에 대해 그 정도의 번역을 해낸다는 것은 제1단계로서는 대단한 일임에 틀림없으며, 그 점에서 오히려 역자의 노고에 감사해야만 한다. 문제는 언제까지라도 그 1단계에 머무르면서 이해를 전진시키려는 노력을 태만히 하는 학계의 현상에 있다.

　　1　아타나시우스(Athanasius of Alexandria, 293?~373), 4세기 알렉산드리아의 총대주교. 그리스의 교부(敎父)로, 정통 그리스도교 신앙의 아버지라 불린다. 그가 주장한 삼위일체설은 그리스도교 신학의 정통 교리가 되었다.

　　2　아리우스(Arius, 250?~336), 그리스도교 이단의 시조. 리비아 출신으로 알렉산드리아 교회의 사제(司祭)를 지냈다.

"종교적 논쟁의 시대에는 모든 (조직적) 억압행위every act of oppression는 (도리어) 인간 정신의 탄력적인 반발력the elastic vigour of the mind에 새로운 힘을 첨가한다. 그리하여 (그 위에 다른 한편) 정신적 반역의 열정 또는 완고함은 **어떤 때** 야심 혹은 탐욕이라고 하는 은밀한 동기secret motives에 의해 고무되었던 것이다. (이렇게) 하나의 형이상학상의 **논의**ᵃ metaphysical argument가 정치적 **다툼**political contests의 원인 혹은 구실이 되었던 것이다."(제21장) 여기에는 낱말의 세세한 선택 속에서 '숭고한' 사상적 논의와 '비속한' 정치적 항쟁의 내면적인 문제가 예리하게 요약되어 있다. 아니, 그 것에 머무르지 않는다. 사상적 조직(교회)의 관료제적 억압이 거꾸로 정신의 탄력적인 활력을 불러일으킨다는 정신의 다이너미즘으로부터 시작해, 거기서 교회의 **제도적** 정치성에 응대하는 것으로서의 반역정신의 이른바 **개인적** 정치성(야심, 욕망)이 개입하기에 이르고, 그 결과 마침내 '세계의 궁극적 원리는 무엇인가'를 질문하는 철학의 논의가 처절한 정치적 항쟁의 원인·명분이 되었던 **과정**까지가 정밀하기 그지없이 훌륭히 묘사되고 있는 것이다. 게다가 그 최후의 과정으로, '철학 문제'가 '정치 항쟁'의 **'원인'**이 되는 경우와 단순히 pretence(구실)이 되는 경우가 명료하게 구별되면서도 동시에 종합적으로 파악되고 있다. 앞의 경우는 사상 문제의 정치 문제화이지만, 뒤의 경우는 정치 항쟁이 사상의 가면을 쓴 '은폐적 허위의식'(이데올로기)의 발생 과정이다. 그리하여 그 두 경우가 어느 쪽으로도 분간되기 어렵게 될 때 문제는 무엇보다 깊은 미로 속으로 들어간다. 이 점을 이해할 때 기번이 그 두 경우를 구별하면서도 일괄하여 다루는 얄미울 정도로 훌륭한 통찰력의 깊이에 누구라도 감탄하지 않고는 배길 수 없을 것이다. 그렇게 위의 짧은 문장에 '철학상의 논의'가 단수로 드러나고 '정치적 항쟁'이 복수로 표현되어, 제도적 '억압'에 대항하는 자발적 정신 속에서 발생한 **정치적 계기**가 인간 심리의 원시적 충동을 갖고 표시되고 있는 곳에 주의하여 읽을 때, 우리는 그 '사상'과 '정치' 쌍방에 대한 안목의 깊이와 정교한 서술에 놀라지 않을 수 없는 것이다. 게다가 그것을 극히 **아무렇지 않게** 저 짧은 문장의 **한 치** 가필로 구체적인 역사적 대과정의 특질로서 요약해 보여주고 있는 것이다. 대단한 서술가가 있다면 거기 있는 것이다. 조금 신중하게 저 문장을 읽으면, 이 역사가에 의해 지적된 문제의 기초의 깊이가 좋든 싫든 우리에게 육박해오지 않을 수 없을 것이다.

'궁극적 이념'이나 '세계의 근본원리'나 '세계의 창조자로서의 신' 등을 추구하고 사색하는 가장 추상적이고 가장 포괄적인 '철학'상의 **논쟁**이, 그때 그 장소의 상황에서 '이 세상'의 특정 집단을 종합하고 조작함으로써 다른 특정 집단과 권력적으로 다투는 가장 현세적이고 매우 '특수주의'적인 정치적 **항쟁**과 상호 이행하여 서로의 원인이 되고 결과가 된다는 것은 어떤 역설일 것인가.

그러나 그 패러독시컬한 동적인 상태는, 생각해보면 반드시 부조리한 현상인 것은 아니다. 거기에는 일정한 관련이 존재하고 있다. 첫째, '사상'은 스스로를 올바른 사상이라고 믿으면 믿을수록 그것을 이 세상 사람들에게 '전도'하려는 '사도使徒'를 낳는다. 그 '사도'의 '전도'는 당연히 기존에 있어왔던 관습이나 **다른 종류의** '사회의 신념체계' 사이에 얼마간의 모순을 가져올 것이다. 그리하여 '사상'은 사회적('이 세상') 레벨의 존재가 되고 동시에 사회적 다툼의 원인이 된다. 그렇게 사상적 문제는 '이 세상' 사회에 본래 존재하고 있는 정치적 다툼과 동일한 차원에서 전개되게 된다. 그리고 둘째, 정치적 통합자는 물리적인 지배를 통해서만은 오래도록 정치적 통합을 재생산할 수 없기 때문에 당연히 일정한 사회적 신념체계에 의거하고 그것에 의해 '정당한 정치지배'로 '승인'되는 것을 필요로 한다. 베버가 말하는 '지배의 정당성 근거'가 모든 정치적 지배·지도·통합에서 필요해지는 것이다. 이는 '정치'가 자기의 유지를 위해 일정한 '사상'적 정초를 원하지 않을 수 없는 숙명을 짊어지고 있다는 것을 말해준다. 이리하여 「총설」에서 서술된 'O정통[Orthodoxy, 사상적·

학문적 정설]'과 'L정통[Legitimacy, 정치권력의 합법성·적법성·정당성]'편자주)

이란 어떤 형태로든(대립·병존·변증) 교착되지 않을 수 없

는 것이다. 그렇게 해서 그 교착의 **유무** 혹은 교착 **방식**의

• 편자주) 마루야마·이시다·후지타의 공동연구를 통해 구성되어왔던 '정통'을 둘러싼 이 두 개의 범주['O정통'과 'L정통']는 당초 마루야마가 담당했던 「총설」로 밝혀질 것이었다. 결국, 『근대 일본사상사 강좌』 제2권 그 자체가 미간행으로 끝나고[「해제」 참조], 「총설」은 실현되지 않았다. 그러나 'O정통'과 'L정통'이라는 분석 카테고리 그 자체는, 이후 마루야마가 단독으로 집필했던 「안사이학(闇齋學)과 안사이학파」(『야마자키 안사이학파』, 일본사상대계 31권, 마루야마의 해설, 이와나미, 1980)에서 사용되고 있다. 그것에 따르자면 "편의상 교의(敎義), 세계관을 중핵으로 하는 오소독시[orthodoxy] 문제를 이하 O정통이라고 약칭하며, 이에 대해 통치자 또는 통치체계를 주체로 하는 정통(…) 논의를 L정통이라고 부르려 한다"라고 쓰여 있고, 이어 다음 같이 전개되고 있다. "O정통과 L정통이 레벨을 달리하고 주어·주체를 달리하는 개념이기 때문이라고 해도, 그것은 양자가 아무런 관계도 없다는 것을 뜻하지는 않는다. 오히려 이 두 개의 '정통' 문제는 동서고금의 다양한 종교·교의·세계관에서 다양한 양태로 뒤얽혀왔다. '내 왕국은 이 세상 것이 아니다'[「요한」 18:36], '카이사르의 것은 카이사르에게'[「누가」 20:25; 「마가」 12:17]를 본질로 하는 그리스도교의 역사에서도 O정통을 둘러싼 교의적 대립이—즉, 그 자체로서는 비정치적인 교의를 둘러싼 대립이나 항쟁이—정치적 투쟁으로 전화하고 혹은 국제적인 종교전쟁으로까지 발전했던 것은 알려진 대로이지만, 그때 특정한 정치권력이 자기 자신의 이데올로기적인 정초로서 그리스도교를 원용한다면 O정통 레벨의 항쟁은 L정통 레벨의 그것과 교착되는 것을 피할 수 없다. 하물며 세속권력(俗權)이 그리스도교 혹은 그 특정교파를 '국가'화하는 경우는 더욱 그렇다(황제교황주의 등). 이것이 이슬람교쯤 되면 '정교일치'가 교의 그 자체 속에 편성되어 있으므로 위의 두 '정통' 간의 관련과 교착은 더욱 고도로 드러나지 않을 수 없을 것이다."(『丸山眞男集』 11권, 252~253쪽) 마루야마는 위의 인식틀과 '공동연구' 간의 관련에 대해서는 아무것도 언급하고 있지 않지만, 내용으로부터 생각하건대, 예정되어 있던 「총설」의 논의에 입각한 것으로 볼 수 있을 것이다.

상태야말로, 앞서 말했던 '혼돈의 미로'의 극치로부터 어떤 경우엔 우리 인간을 **얼마간** 구출해왔던 것이고 어떤 경우엔 그 미로를 한층 더 깊게 해왔던 것이다. 즉 '미로'에서의 해방은 특별히 20세기 후반의 오늘 비로소 시도되어야 할 과제로 우리에게 닥쳐오는 것이 아니라, 이미 길게 이어져온 그 해방의 노력은 그렇게 오늘로 지속되어오고 있는 것이다. 오히려 그런 노력의 역사가 인류 정신사의 드라마를 형성하고 있다고 할 수 있을 것이다. 정통과 이단의 다툼의 역사 그 자체가 어떤 경우엔 '미로'로부터의 탈각 과정에서 벌어지는 다툼의 역사인 것이다 (특히 중세 유럽의 경우).

왜냐하면 정통도 이단도 '이 세상' 질서를 초월하는 보편적 가치를 선택하는 것에 의해 현세적 '정치'를 상대화하고 그것을 규제하는 것으로서 그 모습을 드러내는 것이기 때문이다. 즉 거기선 '정치적' 현상과 '정신적' 현상의 구별 없는 아말가메이션[amalgamation, 융합·봉합·합동] 상태는 극복되어 있는 것이다. 그러나 사태의 진행과 함께 교회정치의 발달은 또다시 저 '혼돈의 미로'를 가져왔고, 그리하여 종교개혁은 일어나지 않을 수 없었다.

이 논고의 과제****는 그러한 정통·이단의 역사적 관련에 대한 파악을 **통하여**, 저 '혼탁한 미로'로부터 해방시키는 현대적 방법을 찾아보려는 것이다. 그리고 나는 이 기회에 **일본 사회의 이단**의 동태를 추적한다는 측면에서 그 과제에 접근하려고 한다.

• **** 이 논고의 과제에 대해서는, 여기서 내가 서술할 것이 아니라, 장기적인 시간에 걸친 이 **공동연구**의 시작과 끝, 전체적 시점, 그것에 관한 문헌 및 기타 사항에서 압도적인 지도적 역할을 도맡았던 마루야마 마사오 씨가 포괄적으로 쓸 수 있는 것이다. 다만 여기서는 내가 분담했던 부분에서 일단은 내 자신이 완결했던 '단편·단장'만을 보이려는 편의상의 이유로 필요한 한도에서 그 과제에 대해 서술했던 것이다. 따라서 가능한 한 간략히 하려고 애썼다. 이하의 서술 전체에서도, 다른 필자가 써야만 하는 '권한'에 속한 것마저 '이단론'의 설명에 필요한 경우 몇몇 부분은 내가 작성한 것이 있지만, 그것 또한 동일한 이유에서 마찬가지로 간략히 하려고 애썼다. 다른 '단편·단장'과의 중복에 대해서도 이와 같이 이해해주길 원한다. 그것은 오히려, 겸연쩍음을 무릅쓰고 감히 객관적으로 말한다면, 어떻게 이 연구가 마루야마 씨의 지도 아래에서 행해졌던 **공동연구**였는지를 보여주는 사실인 것이다.

제1장

이단의 유형들

문화사회의 유형들과의 상관성에서

모든 사회는 다양한 형태로 이단을 지니고 있다. 그리고 그 이단은 그것이 발생하는 사회 유형의 다름에 따라 그 성격을 전혀 달리한다. 극단적인 경우에는 이단이라는 동일한 말로 불릴 때에도 그 정신구조나 사상적 의미에서 보면 거의 상반되는 특징을 띠기도 한다. 그런 이단들의 공통점은 특정 사회의 신념체계로부터 **신념체계상**의 내부적 이질자로 간주되어 그 **문화**사회로부터 배제된다는 것뿐이다. 그 '배제'의 절차만을 두고 보아도 어떤 유형[type]의 문화사회에서는 우선 '심문'·'조사'가 행해지고 그것에 근거한 '판결'·'결정'이 내려지며 그 결과 각종 단계[grade, 등급]를 가진 '배제'가 이뤄진다. 예컨대 '교회의 견책'·'활동권리의 정지'로부터 '파문·제명·추방', 나아가 '화형·사형'에 이르는 단계가 있다. (그리고 그 단계·서열을 남용하는 경우가 때때로 일어난다.)

그러나 다른 유형의 문화사회에서는 객관적으로 규정된 수속 과정 없이 때마다 **어떤 종류의** '관습'에 따라 '배제'가 이뤄진다. 이렇게 모든 문화사회에 이단이 존재하고 게다가 그 이단의 존재 형태나 특징이 제각기 다르다고 한다면, 우리는 우선적으로 사회의 문화적 유형과 거기서 생겨나는 이단의 유형 사이에서 보이는 상관관계의 몇 가지 기본적 이념형을 될 수 있는 한 간략화하여 추출해놓는 것에서 출발하고 싶은 것이다.

나의 진실로 부족한 지식을 동원하여 문제의 소재지에 있을 법한 다양한 역사 현상을 개략적으로 대조해보면, 세 개의 **이념형**에 도달한다. 하나는 초월적 종교 아래서 베버가 말하는 '주술로부터의 해방(Entzauberung)'을 '사회적'으로 관철하려는 것이고, 거기서 당연히 '사회'의 혁신적인 '합리화'가 발생함으로써 **제도**가 형성되는 경우이다. 다른 하나는 **어떤 의미에서** 그것과는 정반대로 주술 그 자체를 '제의祭儀'로서 '합리화'하고 그로써 사회적 통합을 수행하려는 문화사회이다. 이를 '주술제의마기[Magie]로부터의 해방'에 대비되는 '주술의 합리화' 경향으로 부를 수 있을 것이다. 그리고 셋째는 베버가 중국의 유교를 특징지었던 것으로 '질서의 합리주의' 사회이다.* 그렇다면 그 세 개의 문화사회에서 발생했던 이단은 각각 어떤 것이었던가.

〔I〕**예컨대** 니케아 공의회로부터 칼케돈 공의회까지[1],
곧 로마가톨릭교회의 정통교의인 '삼위일체'가 확정되기
에 이르는 **교회 확립** 과정의 그리스도교 교의해석 논쟁은
참으로 지적인 스릴로 가득한 것이었다고 전해진다. 널리
알려진 것처럼 그 최대 절정은 아타나시우스와 아리우스
의 논쟁이었다. 그것은 알렉산드리아를 중심으로 일어났
다. 로마제국의 동방 확장과 함께 로마교회의 신앙에 커다
란 자극을 주었던 것은 알렉산드리아의 지적 생기였다. 그

---

* 이 '세 개'의 이념형을 서술할 때 당연히 떠오르게 되는 것은 역시
베버가 말하는 '세계로부터의 도피(Weltflucht)'의 경향에 의해 특징
지어지는 문화사회이다. 그러나 이 경우, 곧 '해탈' 종교에 의해 구성
되는 사회는 원리적으로는 사회를 제도화하고 '합리화'하려는 문화적
동기를 가질 수 없다. 따라서 거기서의 '이단' 문제는 지금 일단은 기
본형에서 제외해놓는다. 단, 뒤에서 다시 다루게 될 것이다. '종(宗)'의
관념은 여기서도 형성되지 않을 수 없고, 널리 알려진 것처럼 '승려'
나 '승단'은 존재하므로 당연히 이단의 문제는 발생하는 것이다. (예컨
대 마노 쇼준의 『불교에서의 종 관념의 성립』[1964]을 보라.)

1 325년 니케아 공의회(Councils of Nicaea)는 아타나시우스를 포함
한 초기 그리스도교 교부들(the holy Fathers)에 의해 신의 세계 통치
와 주재를 정당화하는 교리로 구성됐던 삼위일체를 정설(orthodoxy)
로 확정함으로써, 그런 삼위일체와 대결했던 당대의 아리우스파는 이
단으로 파문되었다. 오소독시의 확정과 동시적인 이단의 파문, 그것은
그리스도의 신성과 인성은 한 몸이라는 451년 칼케돈 공의회(Council
of Chalcedon)의 정설 확정과 동시적이었던 콥트 교회(단성설) 및

리스 문화의 영향 아래 아마도 상업적 교류도 더해지면서 알렉산드리아에는 사고의 활발한 '횡행橫行'이 있었다. 이리하여 로마교회의 **확장**(세계화/가톨릭)[2]을 결정짓는 교의 형성에 관한 토론이 알렉산드리아 교회를 중심으로 일어났던 것이다.

아리우스는 '아버지와 아들'의 관계에 대하여, '아들'은 아들인 이상 '태어난 것'이고 '태어난 것'인 한에서 그 존재에는 '시작점'이 있고, 그 존재에 '시작'이 있는 것은 논리적 필연으로 '비非존재'였던 때가 있었음을

• 네스토리우스파 교회(인성 강조)의 이단 파문으로 반복된다. 이 반복의 주조음을 들려주는 칼케돈 신조의 문장들을 인용해놓는다: "그는 신성에 있어서 완전하시며, 동시에 인성에 있어서도 완전한 분이시고, 참으로 하느님이심과 동시에 참으로 인간이시며, 또한 이성적 영혼과 육체를 가지고 계시며, 그의 신성에 있어서는 성부와 같은 본질(reality or essence, homoousios)을 지니고 계시며, 그의 인격에 있어서는 우리와 같은 본질을 지니고 계시는데, 죄로부터는 떨어져 있으나 모든 측면에서 우리와 같으시고, (…) 한 분이시고 동일한 그리스도, 성자, 주님, 하느님의 외아들이신 그는 두 가지 성질(nature)로 인식되는바, 혼돈 없이(without confusion), 변화 없이(without change), 구분 없이(without division), 분리 없이(without separation) 계신 분이며, 성질들의 차이는 결합으로 인해 결코 없어지지 아니한다. 오히려 각 성질의 특징들은 보존되고, 한 인격과 생존을 형성하기 위하여 함께 오며, 두 인격으로 분리되거나 나눠짐 없이 한 분 같은 성자요 독생자시며, 말씀, 하느님, 주 예수 그리스도이시다."(이상성 옮김) 아타나시우스-아리우스 논쟁의 일면은 아타나시우스의 글 『사막의 안토니우스』(허성석 옮김, 분도출판사, 2015)를 참조.

2 가톨릭(Catholic)의 어원은 '보편적 전체' 혹은 '공적 인정의 상태'와 관련되어 있다.

뜻하며 따라서 그것은 '영원'한 신과 같을 수 없다고 생
각했다. 이는 참으로 훌륭한 논리적 규명이라고 하지 않
으면 안 된다. 그러나 그렇게 '아버지와 아들'의 미묘한
차이를 논리적으로 파고드는 것은 그 **논리**가 한번 신도
들의 '**심리적**' 레벨에서 작용하기 시작할 때면 '신의 아
들' 예수를 다만 **역사적** 존재로 함몰시켜버리는 **것이 될
지도 모른다**. 그 경우에 예수는 고작 거대한 정신사적 변
혁을 이룩하는 역사적 지도자에 지나지 않게 되고 만
다. 그때 그것은 그리스도교회의 교의적 기초인 '삼위일
체'를 요동치게 하기에 이른다. '대ⁿ정치가'이고 교회 전
체의 통일성에 마음을 쓰고 있던 아타나시우스는 아리
우스의 그런 논리에 반대해 '아버지와 아들'의 일체성을
확보하려고 분투했다. 그 결과 **겨우 한 글자** 차이로 '삼위
일체'의 교의가 확립되었다고 말해진다. 'homoousios'
와 'homoiousios'의 차이가 그 문제의 한 글자를 가리
킨다. 오직 'i' 한 글자가 붙는 것에 의해 '동일성same as'
과 '유사성similar'이 구분되었던 것이다.[3] 그리하여 그 차

• **3** 그 한 글자 차이, 곧 그리스어 '요타(ι)'의 있고 없음의 차이는 아리
 우스주의와 반(反)아리우스주의 사이의 논쟁에서 나온다. 아들은 아
 버지와 '닮았으되(homoiousios, like)' 그 둘이 '동일본질(homoousios,
 one substance)'인 것은 아니라고 반아리우스주의는 말한다. 아타나
 시우스는 아버지와 아들이 일체라고, 동일본질(homoousios)이라고
 말한다. 아리우스주의와 반아리우스주의 양자는 니케아 공의회에서

이가 '삼위일체'를 성립시킬 것인가, 아니면 그 '일체성'
에 한 줄 균열을 낼 것인가의 분기점이 되었다. 참으로
미묘한 차이라 하지 않을 수 없다. 그리하여 거기서는
체스터턴[4]이 감탄스러운 필치로 문학적으로 그렸던 정
통·이단의 스릴감 있는 갈림길이 느껴지는 게 아니겠는
가. 그는 '근대주의'의 '과학광狂'을 비판하면서 그노시스
파[5]나 아리우스파까지도 포함해 이렇게 썼다. "그리스
도교 국가의 역사적 도정을 따라 시류와 종파가 차례대
로 파놓았던 오류와 과장의 어느 한쪽 덫에 걸리는 것,
확실히 그것은 별다른 게 아니었을 것이다. 그렇게 함정
에 빠지는 것은 언제나 쉽다. 사람이 **추락하는 각도는 무한
이다.** 그리고 사람은 **단 하나의 각도로 서 있다.** 그노시스주
의에서 그리스도교 과학에 이르는 유행 중 하나에 사로
잡히는 것은 확실히 자명한 것이자 무기력한 것이었으
리라. 그러나 **그 모든 것을 피했던 과정은 현기증이 날 것 같은
모험이었다.** 그리하여 나의 환상에서는 천상의 전차가 세

이단으로 판결되었다.
- **4** 길버트 체스터턴(Gilbert K. Chesterton, 1874~1936), 영국의 언론
  인, 소설가. 『정통』, 『브라운 신부의 천진함』 등을 썼다.
  5 '그노시스'는 앎·지식이라는 뜻을 지닌 그리스어. 그 앎은 단순히
  경험적 지식을 말하는 것이 아니라, 이른바 영지(靈知), 곧 계시된 지
  식, 신성한 앎이며, 그런 앎을 통한 구원을 뜻한다. 그 앎은 '아버지
  신'의 아들 '말씀(로고스)'을 통해 성사된다. 그노시스는 정통의 결정
  과 동시에 이단이 되었다.

기를 지나 굉음을 내며 날아오고, 회색의 이단은 발버둥
치면서 엎드려 절하며, 거칠고 난폭한 진리는 **비틀거리면
서도 곧게 서 있다.**"(G. K. Chesterton, *Orthodoxy*; 일역 『정
통사상』 제6장 그리스도교의 역설). 아타나시우스에 의해 보
호되고 지속되었던 '삼위일체'의 교설은 아리우스의 이
론 앞에서 그렇게 '비틀거리면서도' 서 있을 수 있었다.
아리우스는 오직 저 한 글자의 '각도'로부터 '추락'하였
다. 그리하여 아타나시우스는 신도들의 '심리'적 움직임
에 대한 고려를 '논리적' 다툼의 차원에서 포함하고자
하는 미묘한 점에서 골치를 앓지 않으면 안 되었던 것이
다. 신도들의 심리적 국면이라는 '각도'에서도 '추락'할
수밖에 없는 천 길 계곡이 있었을 것이기에 그 '고안'은
대단한 섬세함을 가졌음에 틀림없다. 그 결과일 것이다.
후세에 이르기까지 아리우스파를 향한 논란의 근거는
그들이 예수를 오직 역사적 인간으로 폄하하는 **것이 된다**
는 '억지 논리'가 이용되고 있다. 이는 저 이단 논쟁의 시
기에 있어 그 제1단계로서 반드시 나오는 것, '주관적 의
도를 막론하고 객관적으로는 정통교회를 붕괴시키는 **것
이 된다**'는 스테레오타입의 원형과도 같다.

　　그러나 왜 그러한 '고안'으로 이 정도의 아슬아슬
한 칼부림을 하기까지 '삼위일체설'은 보호되지 않으면
안 되었던가. 그리스도교에 무지한 우리는 흔히 '삼위일

체'를 단지 먼 옛날의 '비합리적 도그마'로 생각하는 경
향이 있다. 그러나 그것은 어떤 의미로는 결코 '비합리
적'이지도 않으려니와 이른바 '도그마적인' 것도 아니었
다. '삼위일체'야말로 현세적인 '보이는 집단'으로서의
교회—그런 의미에서 '정치적 집단'에 지나지 않는 교회
—에 대비해 '보이지 않는 신성latent divinity'(J. H. Newman,
Arians of the Fourth Century; B. Dunham, *Heroes and
Heretics*로부터 인용)을 보증하는 것이었다. 교회는 '신
의 아들' 예수의 목숨이라기보다는 '사도'에 의해 만들
어졌고, 게다가 **언제나** 어떤 순간 어떤 장소에서도 '성령'
이 깃들 수 있는 곳이었다. 그것에 의해서만 교회는 다
른 정치적 조직과 구별된다. 따라서 혹시 '아버지'와 '아
들'과 '성령'의 통일성이 그 3자 사이의 어딘가에서 한
치라도 깨지게 된다면, (1) 교회는 아버지인 신과의 연속
성을 잃고 이 세상 속 인간 예수를 교조로 하는 오직 세
속적인 집단이 되어버리거나, (2) 신도 중 누군가가 함부
로 '신' 혹은 '신과 예수'에 자기를 동일화하는 것을 허가
하게 되거나, (3) 교회에 깃든 '영靈'이 '**성령**'이라는 보증
을 잃게 됨으로써 각 지역을 배회하는 숱한 주술적 정령
들과의 구별 원리를 구할 수 없게 되어 결국 토착적이고
특수적인 각종의 주술제의적[주력적(呪力的)] 신앙이 교회로
흘러들어가 '악령'이 거꾸로 교회를 지배하게 될 것이었

다. 그렇게 교회가 세속적 집단이 되어버리면 전통적 주
술은 자유롭게 유입될 수 있을 것이며 당연히 참된 신도
는 교회를 벗어나 함부로 신과 예수를 믿고 받들게 될
것이기에, 그러한 세 가지 예의 귀결은 동시에 함께 출
현한다. 곧 그것은 교회의 해체와 다를 바 없다. 이리하
여 그런 간단한 '예'만으로라도 '삼위일체'에 균열이 생
기는 것이 왜 그리스도교회에 중대한 문제가 되는지가
이해될 것이다. 이 경우에는 교회가 혹여 해체되지는 않
더라도 현세로부터의 초월이라는 그리스도교의 핵심이
그리스도교회 자체로부터 사라지게 될 것이다. '수육성受
肉性'6)을 상실한 교회가 '이 세상'의 권력정치적 상황에서
자기를 유지하려면 그 스스로도 또한 군사력에 기대는
정치집단이 되지 않으면 안 될 것이다. 일본 고대의 진
호국가불교鎭護國家佛敎에서 '절'은 그렇게 해서 '승병'을 가
졌고 일대 권력집단이 되어버렸다. 그럴 때 어떻게 현세
초월적 종교의 면목을 지킬 수 있을 것인가. 하지만 '삼
위일체'의 해체가 가져올 수 있는 결과는 그런 '승병'화
와 같은 너무도 명료한 타락만은 아니었다. 그것보다 훨
씬 성가신 것은 오히려 겉으로 드러나지 않는 사이에 교

• **6** 인간의 몸으로 태어난 신, 인간의 몸을 받아 입은 신. 성육신(成肉
身)의 신이 세속으로 내려옴을 뜻한다.

회의 내부적 제도 그 자체가 위험에 직면하는 것이었다.

그것은 '수육^{受肉}'에 의해서만 현세에 존재하는 것인 까닭에 한편으로는 끊임없이 '육^{肉[몸]}' **그 자체**로 될 위험을 내부에 지니면서, 다른 한편으로는 자칫 '**수육**' 속의 '육성^{肉性}'을 거부하려는 순수 '정신주의'를 낳음으로써 현세를 조직화하는 제도임을 그만두려는 경향을 갖는 것이다. 말하자면 '육화'의 위험[신성을 완전히 잃을 위험]과 '육에 있어 육에 작용하는 것을 그만둘' 위험[세속성을 완전히 거부할 위험]을 동시에 지니고 있는 것이다. 거기에 '수육'의 역설과 변증법적 성격이 있다. 이러한 문화사회 속의 정통·이단 문제란 '수육성'이 가진 내적 갈등의 전개와 다름없다.

그렇다면 교회의 이 '수육성'을 **언제 어디서나** 그러한 두 방향의 위험으로부터 지켜나가는 데에는 어떠한 제도가 필요했던 것일까. **감히** 간단하게 그에 답하기 위해선 4세기를 잠시 벗어나 2세기 '순교자'의 정신적 체계로서의 교회 제도가 어떻게 지켜질 수 있었던가를 생각해보는 것이 좋겠다. 일찍이 2세기 초엽의 대^大박해 속에서 성^聖이그나티오스가 담금질했던 교회에서 신도들의 규율(디서플린^[discipline])과 이에 기초한 교회 제도란 어떤 것이었던가. 그는 명령한다. '**사교**^{司敎[사제의 가르침]}를 **주**^主와 같이 간주해야만 하는 것은 물론이다', '**예수** 그리스도가 **하늘의 아버지**를 따르셨던 것과 같이 일체 **사교**에 복종하

라, **사도**에 귀 기울이듯 사제를 따르라, **부제**[副祭, 보조사제]를
신의 계율과 같이 존경하라', 그리하여 '**사교**를 공경하는
것은 **신**에 의해 공경되는 것이고 사교 앞에서 숨기며 무
언가를 행하려는 자는 악마를 받드는 것이 된다'([안디옥
의 이그나티오스] 「에베소 사람들에게 보내는 글」 6:1, 「스미르나
사람들에게 보내는 글」 8:1; 9:1) 여기서는 신·예수·사도·
사교·악령 배제가 연속적으로 순환하지 않으면 안 된다.
그리고 동시에 확고한 교계敎階의 히에라르키[hierarchy, 서열·
위계]가 살아 있지 않으면 안 된다. 교회는 교계임과 동시
에 내적으로 항상 순환하지 않으면 안 되었다.

'예수가 **전**全 교회의 중심인 것과 같이 사교는 **지
방** 교회의 중심이고 그리하여 그 직무는 **사도 전래**[사도로
부터 전해져온]'의 것이지 않으면 안 된다(조제프 위비Joseph
huby[편], 『그리스도』; 일역 『가톨릭 사상사』). 즉, 신과 예수,
예수와 사도, 예수와 지방 사교, 그것들은 서로 다른 곳
에 위치하면서 '교회'에서 통일되지 않으면 안 되는 것
이었다. 혹시 그렇지 않았더라면 강대하고 광범위한 로
마제국의 세계적 권력에 대항해 정신적 집단의 통일성
을 '세계적'으로 확보하는 것은 불가능했을 것이다. 박
해의 시기, 제국의 탄압은 그 행정제도의 확장 범위 구
석구석에까지 관철되었고 박해는 개별적으로 신도들
을 습격했다. 그렇게 **각** 지방의 **각** 신도를 압박하는 탄압

에는 그 자체로는 **개별적** 탄압임에도 **전** 제국의 **세계권력**의 **무게**가 담겨 있었다. 이는 마치 미세한 점 하나에 거대한 중량이 덮쳐누르는 역逆피라미드의 압력과도 같은 것이다. 그 위에 전통적 사회의 '행사'·'습관'의 체계로부터 행해지는 압박은 '마을에서의 합의된 배제村八分'라는 '추방' 형태로 드러난다. 그런 상황들이 테르툴리아누스[7]의 「호교론護敎論」 제3편에 생생하게 전해지고 있다. 그렇게 박해의 체계는 입체성을 갖고 '위로부터', '옆으로부터' 양방향에서 신도들에게 닥쳐왔다. 그것은 '공적인' 행정적 국면, '사회적' 공동의 국면과 '사적인' 가족적 생활의 국면에서 전개되었다. 생각지도 않게 바로 그 순간, 제2차 세계대전의 전전戰前·전중戰中, 일본의 공산주의자·반전주의자를 향해 집중되었던 '대일본'이라는 **소**小**제국**의 박해체계가 어떤 것이었는지를 알고 있는 우리에겐 초기 그리스도교의 신앙인들에 대한 그런 양방향의 박해 체계가 어떻게 작용했었는지가 얼마간 이해될 수 있는 것처럼 여겨진다. 거기선 '사람의 아들로 베개 삼아 잘 곳 없음'이라는 것이 과거의 예수에게만 해당되는 것이 아니었다. 그런 때를 맞이하여 모든 그리스도

• **7** 테르툴리아누스(Q. S. F. Tertullianus, 160~220), 북아프리카 카르타고 출생. 기독교의 교부, 평신도 신학자. '삼위일체'라는 신학 용어를 가장 먼저 사용한 이로 알려져 있다.

교 신도는 예수와 자기의 연속성을 통절히 감지했던 것
이 아니겠는가. 아니, 그것을 감지하지 않고서는 그런 전
체적 박해의 체계를 견뎌내지 못했을 것임에 틀림없다.
신도 개인의 내면에 있어서도 그렇거니와, 전 그리스도
교회에 있어서도 그러했을 것이다. **각** 교회로 덮쳐오는
세계적 압력을 정신적인 레벨에서 감쇄하여 신앙을 지키
기 위해서는 신도 각 개인과 개별적인 각 교회를 '예수
의 **전** 교회'에 정신적으로 결합하여 '세계교회'로서 자기
를 확립하지 않으면 안 되었다. 그 지점에서 이그나티오
스의 말에 보이는 것과 같은 저 동심원추형 교계 **제도**가
정신적 **규율**로서 형성되었던 것이다. 진정으로 '교회 없
이 구원 없음'(아우구스티누스)이라는 것이었다. '삼위일
체'란 그런 상태를 교의화教義化했던 것에 다름 아닐 것이
다. 그러나 이그나티오스의 제도 형태는 아직 제도의 구
상이어서 이 세상의 제도로서 어디까지 실현되었는가를
알 수는 없다. 그렇지 않다면 니케아 공의회 이후의 제도
확립의 노력이 이해될 수가 없다. 그런 의미에서 4세기
이전까지의 교회 제도는 그것이 **제도화되었던 한에서** 확실
히 훌륭한 정신적 제도였을 것이고 또 그것에 멈춰 있는
것이었음에 틀림없다.

그러나 바야흐로 4세기의 상황은 전혀 달랐다. '그
리스도교 신앙의 자유'라는 콘스탄티누스의 칙령[밀라노

칙령, 313]은 그의 개종으로 지탱되어, 사실상 그리스도교의 공인국교적 지위를 가져온 것이었다. 교의에 관한 **자유** 속에서 발랄한 토론이 허락되었다. **지적 자유**의 공기는 헬레니즘적 동방으로의 확장이라는 계기를 더해 한층 더 차고 넘치게 되었다. 그 연후에 아마도 다른 한편, 그런 '융성'은 권력에 의해 보증된 사상에서 항상 돋아나는 '정신적 제도에 대한 자각'의 **이완** 또한 일반화했을 것이다. 그런 양면을 요약하자면, 그것은 이단의 발생과 속화俗化의 위험과 주술제의呪儀 부활의 더할 나위 없는 지반이 거기에 있었다는 것이다. 거기서 앞서 보았던 '교회 **제도**'는 내적 위기에 빠진다. '삼위일체'의 교의가 확고한 지적 장비를 가지고 확립되지 않으면 안 되었다. 그러지 않으면 저 이그나티오스 서간에 보였던 동심원추형의 **세계교회**는 해체된다. 그리하여 종교적 공의회의 개최는 말하자면 '필연'이었다. 아타나시우스·아리우스 논쟁은 이러한 상황에서 일어났던 것이다. 그것은 박해체계에 대해 정신이 정신인 한에서 본능적으로 발휘하는, 이른바 물리적인 '탄력적 반발력'에 의해 신앙체계를 지켜야 할 필요에 의해 진행된 논의가 아니다. 그것은 정신적 체계의 내적 위기를 극복하여 그 정신체계를 동시에 **적극적(실정적**實定的**)**인 '이 세상' **제도**로 확립하기 위해 요구된 논쟁이었다.[8] '승리'를 얻은 사상체계가 '승리자'의 거스를 수 없는 인간적 타락으로부터 본래의 자기 면모를 지켜나갈 수 있도록 자기에게 부과한 규율의 체계를 찾아내려 했던 논쟁이 4세기의 교의 논쟁이었던 것이다. '도그마'란 본래 그러한 목적을 위해 형성된 것이었다. 그리하여 '삼위일체'란 단지 광신적인 망상가가 믿어 의심치 않았던 '비합리적' 교설이 아니라 '주술제의로부터의 해방'을 감행하고 '물신숭배'를 타파했던 초월적 보편종교가 자기를 포지티브한[실정적인] 형태로 **사회적으로 정착시키고**('수육受肉') 복고적 반동과 인간의 자연적 타락으로부터 자신의 정신적 존재를 지켜나가기 위해 불가결했던 교의였다. '삼위일체'가 교회 제도에서 사활의 문제였던 것은 그런 까닭에서다.

그런데 그렇게 '형성'된 문화사회의 토대에서 발생한 이단은 어떤 특징을 띠고 있는 것일까. 이미 보았던 것처럼 '정묘한 삼위일체 교의'의 **상황에 따른** 보호·유지가 과제인 이상, 역사적·시간적 상황과 지역적·공간적 상황의 전변轉變·차이가 이 세상으로부터 사라지지 않는

• **8** 계보를 가진 개념으로서의 실정성(Positivität) 또는 실정화. 이는 실정적 종교, 실정적 법, 실정적 계기 등과 같은 용례로, 실제적인·제도적인·법정초적인 힘으로 정당성/정통성의 근거를 마련하는 과정을 지시한다.

한 이단은 '모든 각도'에서 참으로 사소하고 미묘한 '편향'으로 발생하지 않을 수 없다. 세 차원의 통일적인 도그마의 '정묘함'과, 이 세상의 난폭하게 비균질적인 '전변·차이'성이란 확실히 무한한 거리에 의해 구분된 극한이다. 그리고 그 양극 사이를 **어찌해서든** 연결시켜 '정묘한 도그마'를 '난폭한 역사적·공간적 세계' **속에서** 제도로서 유지해가는 것이야말로 이 문화사회의 과제였던 것이다. 이는 참으로 '현기증이 날 것 같은 모험'이지 않겠는가. 격동하는 상황에 대한 비판이 조금이라도 틀어지면 이미 도그마는 제도적·사회적 정착성을 얼마간 상실할 것이며, 그때 도그마는 현대에 통용되고 있는 의미에서의 단지 '도그마'로 경직된 '고정관념'에 지나지 않게 될 것이다. 그것은 어딘가의 개인이나 집단에 의해 아무리 철석같이 믿어지더라도 이미 세계[이 세상(현세)]로부터 허공으로 떠버린 존재에 지나지 않는 것이다. 세계[이 세상]의 모든 개인을 구제하기 위해 세계[이 세상]에 존재하는 제도가 아닌 것이다. 그렇게 상황 인식의 착오는 이단이 되는 하나의 내적 조건이고, 도그마의 '[이 세상으로부터의] 떠버림'은 이단의 한 유형이다. 지역 차이의 문제에 대해서도 같은 일이 일어난다. 아리우스는 알렉산드리아를 벗어난 적이 없었고 그의 사고 또한 매우 알렉산드리아적이었다고 평가된다. 아타나시우스는 생애의

대부분을 '망명'과 '여행'으로 썼을 정도로 '국제적' 전도
자였고 또한 세계적인 '대정치가'였다고 평가된다. 한쪽
은 아무리 많은 알렉산드리아 사람을 결집시킬 수 있었
다 하더라도 필경 '특수'에 대한 고착으로부터 놓여나지
못하고, 다른 한쪽은 고향 사람을 거의 조직하지 못했다
고 하더라도 그 시야는 알렉산드리아(고향)까지도 **포함한**
방방곡곡의 사정을 고려할 정도로 넓었다. 따라서 그 '고
려'는 복잡하지 않을 수 없고, 그 **'고려'** 전체 속에는 서로
깊게 모순되는 생각들이 포함되어 있다. 따라서 그런 의
미에서 '고려' 전체는 '순수하지 않은' 것이었다. 그러므
로 아리우스파가 어떤 **특수한 한 점**을 논리적으로 고집함
으로써 부분을 부당하게 일반화하는 경향(도그마의 특수
화)을 가졌다고 판정하는 사고의 기반이 이해될 것이다.

　이에 반해 아타나시우스는 결코 그리스철학적인
'논리'를 고집하지 않았다. 오히려 '논리'의 **한계**를 자각
하고 있었던 것 같다. 기번에 의하면 아타나시우스는 솔
직히 다음과 같이 고백하고 있다. "그가 무리하여 그의
오성(understanding)으로 로고스(신)의 신성에 대해 사색
하려고 애쓸 때 수고에 비해 이익이 없는 그의 그런 노
력은 언제나 다람쥐 쳇바퀴 돌듯 되돌아가 반복될 뿐이
었다. 그렇게 그가 많이 생각하면 할수록 생각하고 있
는 그것만이 점점 더 알 수 없게 되었고, 쓰면 쓸수록 쓰

고 있는 그것만이 한층 더 그의 사상을 말로 드러낼 수 없게 만들어버렸다."(E. Gibbon, *The Decline and Fall of the Roman Empire*, Chap. 21) 신의 '로고스'를 인간의 '머리'로 파악하는 것은 불가능하다는 그런 자각 위에서만 신앙이 성립하고, 그와 동시에 그런 '철학으로부터의 해방(Entphilosophierung)'이 '대중종교성'을 가져오는 것이다. 그리스의 철학자들이 끝내 해결할 수 없었던 '궁극자^{究極者}'의 문제는 일개 대장장이들에 의해 간단명료하게 해결되기에 이르렀던 것이다. 게다가 이는 결코 비논리적인 것이 아니다. 인간 '논리'의 세계를 예리하게 자각하지 않고서 어떻게 '절대자'를 초월적인 것으로서 **논리적**으로 정립할 수 있겠는가. 그리고 '논리'의 한계의 자각에서야말로 '절대자'를 논리적으로 정초할 수 있다고 한다면 아타나시우스의 태도는 그리스철학의 '부정'이 아니라 '지양'이다. 그런 컨텍스트로부터 본다면 '존경받는 플라톤의 이름'이 '정통에 의해 **사용**되고 이단에 의해 **남용**되었다'(기번)고 말해지는 것은 당연한 일일 것이다.

그렇지만 시간적·공간적 **상황**과의 관련에만 이단 발생의 조건이 있는 것은 아니다. '전변·차이'의 세계와 '정묘한 통일체'로서의 도그마 사이에는 거의 무한한 중간항이 있고, 그 중간항이 각각의 변수이기 때문에 상황

인식의 착오는 무한한 레벨에서 한없이 발생할 수 있다.
종교회의가 모든 방향에서 **논리**적 추리의 눈을 크게 뜨
고 긴 시간에 걸쳐 **정밀**하게 토론하면서 그것을 신앙의
정열을 기울인 **사활**의 문제로 전개했던 것은 당연할 것이
다. 그리고 그 논쟁은 '신 앞'에서의 논쟁인즉, 그것에 어
울리는 객관성과 엄격성을 지니지 않으면 안 되었다. 논
쟁의 페어니스[fairness, 공정성]를 **보증**할 수 있도록 논쟁 그
자체가 **제도화**되지 않으면 안 되었다. 종교공의회는 바로
그런 요구의 소산이었다고 할 수 있을 것이다. 그리고
거기서 '집단 간의 다툼'이나 '권력 쟁탈'이라고 하는 '인
간적인' 정치적 모티프는 그러한 공평한 논리성의 밑바
닥에서 소용돌이치고 있는 격류였을 것이다. 그것은 결
코 회의의 표면에 드러나선 안 되며, 그런 까닭에 정치
적 투쟁이 가진 본래의 비합리성은 더욱 논리성 아래에
서 소용돌이치는 것일지도 모른다. 하지만 그 결과가 '회
의'의 단순한 '위선성'인 것만은 결코 아니다. 물론 '위선
성' 또한 분명히 생길 것이다. 그러나 인간의 원죄를 확
신하는 신도로서 논쟁에 임하는 자인 이상, 거기에는 비
합리적인 정치적 행동과의 내면적인 격투와 긴장이 반
드시 존재한다. 그것은 제도의 정신에서도 개인의 레벨
에서도 그러하다. 그렇게 이 문화사회에서는 정통에도
이단에도 자기의 자연적 비합리성에 대한 내면적 긴장

이 존재한다. 그리고 이단의 경우에는 누차 또 하나의
것, 즉 통일체계**여야 할** 교회의 제도적 규율을 혼란케 하
지 않으면 안 되는 자기 운명에 대한 격렬한 내면적 긴
장이 부과되고 있는 것이다. 거기서는 **원리적으로** 즐겨 이
단이 되려고 하는 일은 물론 없다. '이단취향'은 발생하
지 않는다. 혹시 그런 것이 생겨나는 경우, 그는 이단이
기 이전에 자신의 교단을 이끌고 조직적으로 분리^{Schism}
[종파의 의도적 분립·분파]되려는 자일 것이다. 따라서 이단이 생
기는 **중요한** 조건 중 하나는 기존의 교회 제도, **기존의** 정
통이 세계^{이 세상[현세]}와 도그마를 대응시켜야 할 과제를
태만히 하면서 **기존의** 지위에 안주하고 있다고 간주되는
경우이다. 전변하는 상황에 대응해 '삼위일체'를 지켜야
할 '이론적 담금질'을 부단히 행하지 않으면 안 될 교직
^{敎職} 당사자가 그런 성스러운 업무를 게을리하고, 더불어
상황이 그러한 '논리적 변증'을 요구하고 있다고 간주되
는 경우, 진정한 신도는 멈추지 않고 **자주적**으로 교의 해
석 작업에 스스로 착수한다. 그리고 교회의 내면적 위기
를 구하려 한다. 게다가 여전히 교회 제도의 **기존** 정통
이 자신의 자세를 바르게 하지 않는 경우, 진정한 신도
인 그는 **스스로의** 해석체계를 자주적으로(마음대로) 전
도하기 시작한다. 여기에 이르러 그는 확실히 이단이 될
것이다. 그러나 그 경우 주의해야 할 것은 **기존의** 정통이

이스태블리시먼트[establishment, 기득권층·기존질서]일 뿐 교의상의 정통이 아니라는 것이 그의 이단에 의해 **판정**되고 있다는 사실이다. 이 이단이 확실히 이단인 것은 그러한 **판정**을 **마음대로** 행하고 있다는 것에 의거한다. 하지만 **기존의** 정통이 교의상의 정통인가 아닌가는 아직 알 수 없다. 공의회의 경과 여하에 따라서 그는 정통의 자리에서 해임되어 이단으로 '추방放逐[축출]'될지도 모른다. 그는 [마루야마의] 「총설」에서의 카테고리를 사용하자면, O정통 내부의 L정통에 지나지 않는 것이다. **경험적 제도상**의 정통이기는 하지만 그것이 반드시 내면적 사상상의 정통인 것은 아니다. '삼위일체'의 도그마가 요구하고 있는 것은 그 양자의 일치―곧, 경험적=내면적 정통―이다. 그렇다면 이단이 발생하는 것은 '정통의 현세화'(곧 비정통화)의 존재 가능성을 시사하는 것이며 '삼위일체'의 위기 가능성이 있다는 것까지도 의미한다. '삼위일체'의 위기와 정통의 현세화가 실제로 존재하는[9] 경우에는 확실히 이단이 발생한다. 이러한 방식의 이단 발생은 물론 초기교회 시대에는 있을 수 없는 것이고 교회 제도가 이

• **9** 이 '실제로 존재하는'이라는 구절은 '事實存在(existentia)'를 옮긴 것이다. 사실존재('~가 있다', 곧 '사물事物이 현실에, 혹은 실제로 있다'와 본질존재(essentia, '그것의 본질은 무엇이다')를 구분하여 본질을 우위에 놓는 논법의 역사를 저자가 따르는 것은 아니다.

세상의 사회적 제도로서 정착한 뒤로부터만 있을 수 있었던 것이지만, 그 경우 이단은 교의에 대한 확고한 이론적 **체계**를 지니고 있다. 그는 기존의 정통과 같이 현세적 제도에 의거할 수 없기 때문에 그만큼 한층 더 스스로의 해석체계의 진리성에 대해 강한 자각을 가지며, 그 자각에서만 자기가 의거해야 할 발판을 발견할 수 있다. 때문에 거기서 이단은 교의에 대한 체계적 이론을 **한층 더** 지닌 것이라고 할 수 있다. 이 지점에서, 자주 인용되는 체스터턴의 말—"예전에 이단자인 그는 자기가 이단자가 아니라고 말하는 것을 자랑으로 생각했었다. 이단자인 것은 이 세상의 왕국·경찰·재판관 쪽이었다. 그의 이단자는 정통이었다. 그의 자랑은 이 세상 권력자들에게 반항하고 있다는 점이 아니라 애초에 그들 권력자들 쪽이 자신을 거역하고 있었다는 점이었다. (…) 이단자인 그 남자는 자기가 정통이고 의로운 자라는 것을 자랑으로 삼고 있다. 혹시 그가 황야 속에 홀로 서 있었다면 그때 그는 한 남자 이상이다. 곧 그는 교회에 다름 아니었던 것이다. 우주의 중심이 그였던바, 별이 운행하는 것은 그의 주변이었다"(G. K. Chesterton, *Heretics*[이단자] I)—에 **상징적으로** 드러나고 있는 것처럼, '정통의 자각에 의거해 일어서는 이단'이 발생하는 것이다.

여기까지는 물론 하나의 '이념형'이며, 위의 여러

특징이 순수하게 구석구석까지 관철되어 다른 이질적
요소가 전혀 섞이지 않은 사회는 현실에 존재하지 않는
다. 하지만 전형으로서 본다면 위와 같은 유형의 사회와
거기에서 발생하는 이단의 형태가 하나의 극을 형성한
다. 그리고 그것은 하나의 전형이기에 오히려 특정한 역
사적 실존을 넘어가는 좀 더 넓은 인식규준이 될 수 있
을 것이다. 곧 위의 여러 특징은 중세 로마교회와 거기
서의 이단 발생의 문제를 조명해 드러내는 것만이 아니
라, 거듭 20세기 공산주의사회(코민테른 및 당^黨)와 거기서
의 '이단'이 갖는 여러 문제를—아마도 부분적이겠지만
—해명하는 단서가 될 수 있을 것이다. 게다가 아래에
서술할 또 하나의 다른 극한적 전형과의 대비를 통해 다
양한 중간적 형태의 식별에도 도움이 될 것이다.

〔Ⅱ〕 위에 서술한 한 가지 전형의 반대쪽 극한에서,
말하자면 자연적 사회라고 부를 수 있을 사회와 거기에
서 발생하는 이단의 유형을 예로 들 수 있을 것이다. 거
기서 사회 또는 집단은 **자연스레 생긴** 것이라고 스스로를
인식해왔고, 그 결과 그런 사회의 **변화** 또한 '생성'과 '변
성化成[다른 것이 됨]'의 이미지에 의해 파악되며, 따라서 '무엇
무엇으로 **된다**'·'무엇무엇으로 **되었다**'라는 **자생**^{自生}**의 논리**

로 이해된다. 그럴 때 주어진 **사실**은 모두 긍정되고 그때
그때의 사회적 습관과 그것의 변화는 그 사회의 멤버^{구성원}
에 의해 대상화되는 일 없이 **수용**된다. 이러한 사회에서 발
생하는 이단은 (a) 사회의 **긍정적 자생관 그 자체를 인정하려
고 하지 않는** 자, (b) 다른 모든 멤버가^{구성원이} 수용하고 있
는 매번의 습관적 행동양식으로부터 **일탈**하는 행동을 취
하는 자, (c) 사회의 변화를 '자연히 되어가는 것'[10]으로
사고하여 그것에 **자동적으로 적응하는 것이 불가능한** 자이다.

　(a)의 이단은 어떤 방법적 체계에 의해 사회의 형성
에 관한 원인·결과를 구별하는 사상이며, 그 전형적인
경우는 현존하는 '이 사회'를 사회의 바깥 혹은 사회 이
전의 어떤 정해진 한 지점에서 **창조**된 것으로 사고하는
여러 사상체계이다(그리스도교, 사회계약설, 코뮤니즘 등). 이
에 더해 '이 사회'를 **부정적**으로 파악하는 사상체계도 또
한 이 이단에 속한다(그 극한적 형태는 피안^{彼岸}불교이다). 이
것들은 말하자면 자연적 사회의 사상이단^{思想異端}으로 부
를 수 있을 것이다. 물론 그런 사상이단은 자연적 사회의
사회관 그 자체를 거부함으로써 이단이 되는 것이므로, 부
분적인 사회현상에 대한 판단이 아니라 사회 전체에 대

・**10** 나리유키(成り行き). 사건, 일, 관계 등이 자연스레 흘러가는 대로
　의 상태, 자연스러운 진행의 추세·추이, 또는 그러한 진행의 자연스
　러운 흐름에 몸을 맡겨놓는 상태.

한 원리적 해석체계 그 자체를 은연중에가 아니라 **공공연**
히 언명하는 경우, 무엇보다도 명확히 문책되어야 할 이
단이 된다. 부분적 사회현상에 대한 판단의 기저에 자연
적 사회의 '원리'를 부정하려는 체계가 엿보이게 될 경우
나 은연중의 언급 속에 명확히 그런 이질적 원리가 들여
다보이는 경우에도 이단이 되지만, 그것들은 체계성과
공공연함을 가졌던 이단에 비해서는 느슨하게 취급된다.

　　(b)의 이단은 가령 일탈이단逸脫異端으로 부를 수 있
는 것이지만, 이는 '괴짜'라든가 '쓸모없는 인간'이라든
가 하는 일상적 습관을 깨고 있는 이들도 종종 포함하여
그들의 '특이한' 행동양식이 그런 행동을 실행하는 특정
한 개개인에게 일상화된 사회(및 집단)에 의해 예상되거
나 기대되고 있는 경우에는 특별히 이단으로 문책되지
않는다. 이는 '규격 외別格의 것'으로서 극히 관대하게 방
치된다. 이러한 유형이 이단인 것은 '[말썽 나지 않게, 비
위 건들지 않게] 조심조심하는' 방식으로 관습체계의 바
깥에 방치되는 한에서이다. 일탈이단이 이단으로서 문
책되고 추급追及되는 것은 그가 속해 있는 자연적 사회
가 다른 멤버와 마찬가지로 그에게 기대하고 있던 행동
양식의 궤도를 그 혼자만이 돌연 헛디뎌 벗어나게 되는
경우이다. 일탈의 동기가 무의식적인 것으로 판정될 때
는 '어쩔 수 없는 놈'으로 문책은 관대하게 면해지고, 그

런 일탈이 반복될 수 있다고 판정된 때에는 이후 '별격
^[별종]이단'으로서 관대하게 방치된다. 곧 '떠받들어지'거
나 '내버려지'거나 하는 것이다.¹¹⁾ 따라서 일탈이단이 이
단으로서 무엇보다 엄격하게 심문되고 장기간에 걸쳐
항상적으로 비난당하는 것은 확고한 동기에 기초해 '기
대됐던 행동양식'으로부터 일탈한 경우이다. '의도적 교
란자'가 그것이다. 또한 자연적 사회에서 '기대됐던 행
동양식'이 일정한 항상성을 가진 규율의 제도가 아니라
매번 때마다 주어지는 것이기 때문에, 그것을 거슬러 일
정한 방법적 **근거**를 가진 **규율체계**(교조^{敎條})를 따라 행동
할 때에도 '기대됐던 행동양식'에 거듭 반하는 경우가
생긴다. 그리하여 일탈이단 속에서 문책되는 이단은 많
은 경우 사상이단이 그 사상을 행동의 레벨^{차원}에까지
결실 맺게 하려는 경우에 생겨난다. 왜냐하면 사상이단
이야말로 확고한 동기와 방법적 근거와 규율체계를 소
유할 수 있을 것이기 때문이다. 이런 사회에서는 교조

• **11** '떠받들어지는(祭り上げられ)'과 '내버려지는(祭り捨てられ)'을 뜻
하는 일본어 속에 '祭り(마쓰리)'라는 '제의(祭儀)'적 성분이 들어 있는
것은 저자의 문맥에서 주목된다. '마쓰리'라는 신성의 상관물은 일본
어 '政事(마쓰리고토)'가 지닌 정치적 위계/경영 상태와 관계된다. 이
단어와 결부된 마루야마의 정통론은 「마쓰리고토의 구조—정치의식
의 집요저음(執拗低音)」(1985, 『마루야마 마사오집集』 12권, 이와나미)을
참조.

주의적 요소를 가진 자가 결코 이단 이외에 다른 것이
될 수는 없다.

그렇다면 (c)의 사례[부적응이단(不適應異端)]는 어떤 것일
까. 이 경우에도 당연히 사회 변화에 애초부터 적응될
수 없는 심리학적 부적응자가 포함되어 있지만, 그것은
'괴짜'적인 일탈과 마찬가지로 극히 관대하게 사회 바깥
에 은둔하는 것이 허락된다. 그러나 사회의 변화를 '자연
스레 되어가는 것[이하 '나리유키'로 표기함]'으로 간주하는 것을
거부하려는 의욕과 기대를 공공연히 가진다면, 그것은
자연적 사회의 '원리' 그 자체에 대한 도전이 되므로 이
단으로서 문책될 가능성을 잉태한 것이 된다. 다만 자연
적 사회는 위와 같은 특징들에서 명확하듯 그때그때의
사실이 그대로 긍정되고 있는 사회이므로 자기 사회가
기대고 있는 원리에 대해서는 그 자신으로서는 전혀 무
자각적이며, 따라서 개별 경우의 행동 태도만이 문제가
되는 사회이므로 사회 변화에 대한 다른 의욕이나 기대
를 공공연히 언명했다는 것만으로 즉각 이단으로서 규
탄된다고 할 수는 없다. 그 의욕이나 기대가 사회적 태
도가 되어 밖으로 드러나고, 그 결과 사회적 변화의 '나
리유키'성을 인정하지 않는 의식적 부적응자가 될 때에
비로소 명확한 이단으로 자연적 사회의 추급을 받게 될
것이다. 이렇게 본다면 (c)의 '나리유키'주의에 대한 부

적응자의 경우도 역시 사상이단의 한 현상 형태가 자연적 사회의 '자연적 변화'관에 저항하기에 이를 때 무엇보다 명확한 이단이 됨을 알 수 있다. 이 경우에는 (가) 어떤 변화의 자연성을 승인하지 않고 변화 **이전** '예전의 상태'를 더욱 좋은 것으로 선택하는 입장, (나) **다른 형태** 혹은 **다른 방향**의 변화를 기대하고 그에 비교해 '현존의 변화'를 더욱 못되고 악한 변화로 간주하는 입장, 이 쌍방의 유형이 존재한다. 말할 것도 없이 (나)의 입장 또한 '현존의 변화'를 자생적·자연적·본연적인 '나리유키'로 간주하는 것을 거부하는 것이 된다. 그리고 다른 형태·다른 방향의 사회변화를 원하는 것은 그 속에 이미 변화의 인위적 가능성을 인정하는 사고방식을 배태하고 있는 것이기에, 그런 사고방식은 원리적으로 깊이 파고들어가게 된 경우에 체계적 사상이단이 된다. (가)의 입장도 사정은 마찬가지이며, 그리하여 (b) 및 (c)의 이단 속에 이단성이 강해지면 강해질수록 (a)의 체계적 사상이단으로 환류하는 경향을 갖게 된다. 그렇다고 한다면 이미 보았듯 (b)와 (c)의 이단성이 강해지는 것은 얼마간이라도 자주적 동기를 수반하는 **의식적** 일탈 혹은 **의도적** 부적응이었던 것이므로, (a)와 (b)·(c) 간의 순환 경향이 존재한다는 것을 알 수 있다. 그리고 사상이단도 자기의 사상에 기초해 '교의'를 사회적 행동이나 생활태도에까지 철저화하는 경우, 즉 사상이단이 자기를 사회적·생활적으로 실현시키려는 경우에는 일탈·부적응의 두 이단까지도 갖출 수 있게 되어 무엇보다도 급진적인 이단이 된다. '실천'과 관련되지 않는 경우는 사상이단 또한 **비교적** 관대하게 취급된다.

이리하여 이제까지 서술했던 자연적 사회에서의 이단의 유형들을 정리하여 도식으로 보일 때가 온 것 같다. 매우 서툰 도표이지만 다음과 같이 총괄한다.

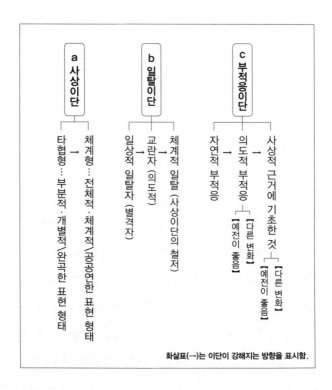

a 사상이단
- 체계형… 전체적·체계적\공공연한 표현 형태
- → 타협형… 부분적·개별적\완곡한 표현 형태

b 일탈이단
- 체계적 일탈(사상이단의 철저)
- 교란자(의도적)
- → 일상적 일탈자(별격자)

c 부적응이단
- 사상적 근거에 기초한 것 ┌【다른 변화】
  └【예전이 좋음】
- → 의도적 부적응 ┌【다른 변화】
  └【예전이 좋음】
- → 자연적 부적응

화살표(→)는 이단이 강해지는 방향을 표시함.

이렇게 **순수한** 자연적 사회에서는, '이 사회'를 초월하는 일정한 정신적 지점이나 실체를 갖고 그에 근거해 '이 사회'를 상대화하거나 대상화하려는 사상체계는 그것이 공공연하게 표명되는 경우 모두 이단이 된다. 그리고 다른 한편으로 구체적 행동 태도에 있어 그때그때의 상황, 그때그때의 무규칙(비교조)적 조화를 혼란시키는 **구체적 인격** 또한 **이단자**가 된다. 따라서 거기서는 한편 무릇 체계적인 지적 사상체계라면 **통째로** 이단이 됨과 동시에 다른 한편 구체적인 장소와 구체적인 순간에 있어 구체적 인격이 이단**자**가 되는 것이고, 그런 한에서 앞서 말한 [I]유형의 사회, 곧 공통의 신앙에 관한 교의가 먼저 존재하고 있는(그렇게 존재하고 있다고 스스로 생각하고 있는) 사회에서의 이단과 같이 그노시스파라든가 아리우스파라는 오래된 이단의 이름이 가리키는 사상적 특징을 근거로, 새롭게 일어나는 이단을 분류하거나 하는 일은 일어나지 않는다. 다시 말해, 이 자연적 사회에서는 이단의 '분파'가 경험적 인간의 생애를 훨씬 초월하는 현상, 또 '이 세상' 왕조·정치체제의 수명까지도 훨씬 초월하여 끊임없이 재생되게 하는(정통의 측으로부터의) 현상은 일어나지 않는 것이다. 정통·이단이 논리를 향한 충실성이라는 것을 보증된 '신 앞에서의' 논쟁을 반복하는 과정에서 형성했던 경우엔, 그런 반복 속에서 이단의

이론적으로 가능한 형태가 거의 극한까지 분명해지기 때
문에 아무리 시간적·공간적으로 떨어진 지점에서 새로
운 교의 해석이 생겨나더라도 그 대부분은 이미 알려진
이단의 유형에 들어맞는 것이 된다. 물론 그러한 경향이
있다는 것에 지나지 않으며 시공간을 초월할 수 있는 이
단의 유형이 완전히 파악되는 것은 있을 수 없다. 그러
니까 정통 제도 측으로부터의 자의적인 꼬리표 붙이기
도 나타나는 것이지만, 전형적인 〔I〕유형의 사회에서는
그러한 경향은 확실히 존재한다. 이를 이단의 '학파'적
존재 경향이라고 말하자. 그것의 특징은 이단의 문제가
구체적인 시공간 아래 구체적 인격으로서의 이단자 레
벨에 멈추는 것이 아니라 그것을 넘어 종횡으로 넓어져
가는 점에 있고, 동시에 중심적 신앙을 포함한 사상체계
전체가 통째로 손쉽게 이단의 문제로 되는 것은 아니라
는 점에 있다. 〔I〕유형의 사회에서 신앙을 포함한 사상
체계가 **전체로서** 거부되는 것은 이단에서가 아니라 중심
적 신앙을 달리하는 **이교**異敎에서이다. 이리하여 〔II〕유형
의 자연적 사회에서 이단의 특징은 〔I〕과 달리 사상체계
와 구체적 인격의 이른바 중간 레벨인 '학파'적 존재 형
태를 갖지 않는다는 점에 있으며 동시에 또 하나, 체계
적 사상이단에서의 이교(Pagan)와 이단(Heresy)의 구별
자체가 존재하지 않는다는 점에 있다.

〔III〕 이상으로 기본적 양극을 이루고 있는 '사회와 이단'의 두 가지 이념형의 구도 추출 작업을 마친다. 그것은 의도하여 추상적으로 서술한 것이지만, 자의적으로 작성한 것은 아니다. 일정한 사실적 특징을 연관 지음으로써 순수화하고 동시에 간략화하여 드러내려는 시도에 지나지 않는다. 그것은 이하의 서술과 주기注記로써 명확해질 것이라고 믿는다. 그리고 지금까지 서술해왔던 두 극한적 기본형의 중간에, '신 앞에서의' 논쟁에 의한 것도 아니며 그렇다고 자연적 사회에서의 '그때그때마다의' 구체적 행동 태도가 갖는 자연적 조화성이 '기준'(?)이 되는 것도 아닌, 한편으로 '이 세상' 사회질서의 보호를 목적으로 하면서 이를 위해 다른 한편으로 교의화된 사회규범을 필요로 하는 사회(베버의 용어로는 '질서의 합리주의'라고 불렸던 사회)에서의 이단 유형이 세 번째 기본형으로 존재하고 있음을 말해두지 않으면 안 된다. 거기서는 교의적 규범의 해석이 문제가 되는 이상, 〔I〕유형과 같이 논리에 의한 논쟁이 이단 발생 과정의 주요 요소가 된다. 그러나 '신 앞에서의' 논쟁이 아닌 '이 세상' 질서를 위한, 그런 의미에서 정치사회를 **위한** 논쟁이기에 그 논쟁에서 논리적 객관성·엄격성을 보증해야 할 제도에 대한 열의는 당연히 진지하기 그지없는 것이어야만 한다. 그런데 오히려 '이 세상' 질서의 지배자(권력)

혹은 지배자가 되려는 자의 이해관심이 손쉽게 그 논쟁의 내적 과정을 내면에서부터 제약한다. 따라서 혹시 논쟁의 논리성이 보증된다면 그것은 '회의會議'라는 인간의 말에 의한 **오랄**[oral, 구두(口頭)의] 논쟁의 장에서가 아니라 **문헌·도서**라는 **물화**된 것을 통한 형태로, 살아 있는 인격으로서 대면·집합하지 않는 형태로 출현한다. 유교의 논쟁에서 문헌주의의 한 가지 원인이 아마도 거기에 있을 것이다. 따라서 논쟁에서의 '협잡'도 문헌의 위조가 되거나 새로운 해석의 창조 또한 문헌의 발견이라는 양식을 취해 발표된다. 따라서 자주 문헌 발굴의 픽션(가짜의 발견)이 창조의 표현 형식이 된다. 이런 유형의 사회에서 이단은 당연히 '학파'라는 존재 형태를 취하는 경우가 많다. 이 '학파'는 도서書物주의적 논쟁 과정으로 생겨나 문헌주의적 기조를 갖는 것이기에, 〔I〕유형의 이단에서의 '학파'성보다도 '학'의 정의 여하에 따라서는 한층 더 순수하게 학파적이라고도 말할 수 있다. 그렇게 '학파'적 존재 형태를 취함으로써 세대·왕조를 초월해 전통화되고, 따라서 새로운 이단은 언제나 낡은 이단의 이미 정해져 있는 거푸집 중 어느 하나에 동일물이나 유사물로서 끼워 넣어진다. 오히려 그렇게 이미 예전부터 이단으로 넓게 승인되고 있는 '틀'에 끼워 넣어짐으로써 이단으로 결정되는 것이다. 이 점은 〔I〕유형과 공통된다. 따

라서 〔II〕유형의 자연적 사회가 그때그때의 사회 조화 그
자체를 '기준'으로 함으로써 그 사회 속의 이단이 언제
나 '그 매번'의 상황에 따라 결정되는 것과는 달라진다.

　세 번째 기본형의 특징은 이상과 같다. 그것은 현
실의 역사적 형태로서는 아마 중화제국 시대 중국의 유
교 사회에서 유사한 형태가 보이고 로마제국의 일부분
에도 해당되는 일면이 있을지 모른다. 그렇긴 하지만 그
런 역사적 현실의 참고는 나의 능력을 훨씬 넘어가는 것
이다. 나는 여기까지의 세 가지 기본형을 임시적 인식틀
로 하면서 일본 사회의 이단 해명에 바로 뛰어들지 않으
면 안 된다.

제 2 장

일본 사회에서의
이단의 '원형'

1. 주술적 제의로서의 천황제와 '이교의 이단화'

앞의 세 가지 기본적 이념형 가운데 일본 사회가 어디에 가까운지는 지금까지의 서술로부터도 이미 명확할 것이다. 일본 사회는 '그리스도의 몸으로서의 사회(Corpus Christi, Societas Christiana)'와 같이 제1형에 속하는 것과는 전혀 다르다. '신'을 향한 신앙을 '올바로' 지키기 위한 교의적 규범에 입각하여 사회가 구성된 것이 아닌 것이다. 또한 '질서의 합리주의 체제'와 같이 사회질서를 지키기 위해 **교의적인** 규범을 필요로 했던 것은 일본 사회 전체의 규모에서는 도쿠가와德川 시대뿐이었다. 오히려 혈통 '원리'(?)를 체현하고 있는 천황제의 면면한 존속에서 상징되고 있는 것처럼 일본 사회 **전체**를 덮어씌우고 있는 의식 형태로는 압도적으로 제2형태의 자연적 사회가 우위를 점하고 있다. 확실히 이 사회에도 '신'이라

고 불리는 것이 있고 지금도 '신사神社'는 있다. 그러나 그
것은 그 신에 만인·만물이 귀의하는 것으로서 있는 것
이 아니다. "상대인上代人은 그 신앙하는 신들의 위대함을
드러내기 위해서 신들을 이야기하는 것이 아니라, 다만
천황의 신성성神聖性을 드러내기 위해서만 그 근원으로서
의 신들을, 따라서 '신대사神代史[진다이시]'를 이야기했던 것
이다." 때문에 거기에선 **논리적으로는** "천황의 신성한 권위
가 먼저이며 신대사는 그 뒤인 것이다."(와쓰지 데쓰로, 『존
황사상과 그 전통』[1943], 59~60쪽) 곧 어디까지나 '이 세상'
사회질서의 현세적 통합자를 '신성화'하는 것이 의도되
고 있는 것이며 '신들'은 그것을 위한 수단으로서 출현하
는 것에 지나지 않는다. 그러면 현세의 통치자로서의 천
황의 '신성성'은 어떤 성질을 지닌 것이었던가. 그는 자연
의 위협이나 전쟁의 위기에 대하여 사회를 구하고 보호
할 수 있으며 일상적 인간의 능력을 뛰어넘는 위력을 가
진 카리스마였던가. 그렇지 않다. 천황의 '신성성'은 그러
한 원천으로부터 생겨나는 것이 아니라 그의 혈통적 '배
후에' 신들이 있음으로부터 **도출되고 있는** 것에 지나지 않
는다. 따라서 천황의 '신성성'은 전형적인 카리스마와 같
이 개인적 실재로서의 절대성을 갖는 것이 아니다. 거기
서 기묘한 상관관계가 드러난다. 곧 천황은 신들의 '후예'
인 것에 의해서만 '신성화'되지만 정작 그 신들은 천황의

'신성화'를 위한 **배경**=수단으로서만 의미를 갖는다는 것
이다. **누가 봐도** 신성한 자로서 우러러봐야 할 보편적 신
성자神聖者는 어디에도 없는 게 아닐까. 천황도 신들도 상
대적인 조건부의 신성자에 지나지 않는다. 그리고 '조건
부의 상대적 신성자'란 실로 기묘한 형용모순이다. 그렇
기 때문에 후세의 국학자나 일본주의자가 어떻게 해서든
일본의 '신성함'을 근거 지으려 했을 때, 누차 천황과 신
들의 상호 관련을 포함한 '상고시대의 **상태**'나 '**사실**' 그 자
체나 '상호 관계를 지양한 것으로서의 집단성 그 자체'를
'고귀한 것'으로 하지 않을 수 없었던 것이다.

그리고 이러한 일본적 '신들'의 상대성과 그 수단성
이라는 특징은, 파고들어 추적해보면 결국 신들의 '부정
성不定性[한정되지 않음]'과 나아가 '아득한 저쪽으로의 신의 증
발디스어피어[disappear]'이라는 특질에까지 도달한다. 그리고
그 '신'의 존재의 증발 과정이 명확해지면서 거꾸로 주
술적 제의의 구체적인 존재성이 점점 더 현실화해가는
것이다. 제祭의 대상은 사라져 없어지고 제를 지내는 일
과 그 일을 행하는 구체적 인격만이 분명한 윤곽으로 드
러난다. '영靈'이 한정 없는 것이 되어감으로써 영매 행위
와 영매자만이 강한 존재성을 띠어간다. 신들과 '신대사'
가 천황과 천황 제의의 단순한 배경적 수단이 된다는 관
계는 여기에 이르러 진정으로 명료해진다.

그렇다면 그런 천황의 영매자적 성격 또는 주술적 제의(영매 행위)의 존재성과 신의 증발 과정이란 어떤 것이었던가. 극히 대략적으로 따라가보자.

천황은 일이 있을 때마다 천신지기天神地祇[하늘의 신, 땅의 신]에 제를 지내고 그 제의의 점술卜[점괘]에 따라 취해야 할 태도를 질문한다. 천황은 언제나 신들을 '모시는 것'이었다. 그러나 천황에 의해 '모셔지는 황조신皇祖神[고우소신]' 또한 그 신들의 배후에 있는 **어떤** 신들을 '모시는 것'에 지나지 않았다. 이런 특성을 천조대신天照大神[아마테라스오미카미]의 '재복전齋服殿[이미하타도노]' 이야기가 보여준다.[1] 그 이야기에 앞서는 이자나기·이자나미는 어떤가. 그들 또한 처음 '나라의 출산國生み'에 실패했을 때 '천신天ツ神[아마쓰카미]'의 **무언가**에 지령을 청했었다. 그리고 그 '천신'은 '후토마니니우라나히布斗麻邇邇卜相를 구하여' 이자나기·이자

• 1 다카마가하라(高天原, 신들의 거주지)에 있는 재복전에서 신들의 옷을 짜고 있던 여신 와카히루메노미코토(稚日女尊)의 이야기. 신들을 봉행하는 그 신이 아마테라스오미카미라는 설이 있으며, 그 신을 현세적 통치의 정통성 레벨을 담당하는 천황가의 황조신으로 배치한 것이 기기신화─『고지키(古事記)』, 『니혼쇼키(日本書紀)』─의 핵심이다. 남매신이자 부부신인 이자나기노미코토(伊邪那岐命)와 이자나미노미코토(伊邪那美命)는 다카마가하라의 신들의 명령을 받아 국토 '오노코로섬(自凝島)'을 창조했고, 이후 그들이 성교하여 낳은 신이 아마테라스오미카미, 쓰쿠요미노미코토(月讀命), 스사노오노미코토(須佐之男命)이다. 그 부부신 또한 그들 상위의 '천신'을 향해 질문하고 답을 구하는 신, 신을 모시는 신이다.

나미에게 지령을 준다.[2] 최후의 신, 이름 없는 그 '천신'
조차도 무언가를 향한 점술의 주술적 제의를 통해서 이
야기를 듣고 있다. 최후의 '천신'이 누구를 향해 질문했
었는지는 이미 알 수가 없다. 다만 '태고'의 주술제의를
행했다는 것만이 명확한 것이다. 이리하여 '천신'조차도
또한 영매자이지 신이 아니었다. 제의의 대상인 영은 끝
내 증발하고 말았다.

소급해 올라간 끝에 '천신'의 **이름**이 없어져 '천신'
일반이 되었을 때, 그 '신'이 '몸 굽혀 절했던' 대상은 존
재성 그 자체를 상실한다. 일반명사로도 표현되지 않는
다. 거기에는 '어느 영이든 다 믿지 말고 그 영이 신으로
부터 왔는지 아닌지를 시험하라'(「요한1서」 [4:1])라고 하
는 정신은 없다. 아니, 완전히 거꾸로다. 영이 특정화 불
가능한 것이기 때문에 여러 영을 구별하고 검사하는 것
은 불가능하다. 그런 구별이 가능한 것은 영 위에 혹은
영 바깥에 절대적인 신이 군림하는 경우뿐인 것이다. 이

• **2** 일본 상고시대, 대표적으로는 『고지키』와 『니혼쇼키』 속에 표현된
시대의 '정사(政事, 마쓰리고토)'는 천신의 점술을 통한 모든 사물(事
物)의 판정에 근거하고 있다. '후토마니니우라나히'는 그런 점술과
정사의 관계—이를 두고 『고지키덴(古事記傳)』의 모토오리 노리나가
는 "신의 어교(御教)를 받아 행하시다"라는 말로 표현했었다—를 지
시하는 『고지키』의 단어, 『고지키』적 통치 정당성의 근거를 지시하는
술어이다.

자나기·이자나미 이야기에서는 오히려 신 쪽이 영에 '몸 굽혀 절하고' 있는 것이므로 관계는 거꾸로다. 따라서 거기서는 여러 영을 구별하고 정신세계를 조직적으로 질서 짓는 과정은 생겨날 여지가 없다. 질서화가 가능한 것은 영의 체계가 아니라 주술적 제의의 체계뿐인 것이다. 제사장=영매자는 당연한 것이면서 '이 세상'의 것인바, 주술적 제의의 체계는 현세적 질서에 다름 아니며 **그런 의미에서** 정치질서에 지나지 않는다. 천황제의 '제정일치祭政一致'란 그런 것이다. 따라서 그것은 '정치'의 관념과 의식의 자각적 독립이 없는, **그런 의미에서** 비정치적인 질서원리인 것이다. 그렇게 주술제의적인·정치적인·비정치적인 현세적 통합체로서만 체계적 질서화가 생겨난다.

이리하여 와쓰지 데쓰로[3]가 긍정적 의미를 담아 정식화했던 것은 정반대의 뜻이 담길 경우에도 타당하다. 그는 일본의 천황제적 의식구조 속에는 결국 '궁극자'란 있을 수 없으며, '신들'을 추구하면 할수록 그 배후에 다시금 **부정**不定[확정 불가능한]**의 신**'이 드러나고, 그 과정의 최후에는 아득하고 넓은 무언가에 대한 '점술'의 영위, 곧

• 3 와쓰지 데쓰로(和辻哲郎, 1889~1960), 철학자, 윤리학자, 교토대·도쿄대 교수. 저작으로 『니체 연구』(1913), 『쇠렌 키르케고르』(1915), 『원시 기독교의 문화사적 의의』(1926), 『윤리학』(1937~1949), 『존황사상과 그 전통』(1943) 등이 있다.

주술적 제사만이 있을 뿐이며 거기서 무엇이 모셔지고 있는지는 전혀 알 수가 없는, 말하자면 **단지** '제사'만이 극히 구체적인 **특정 형태**로 존재하고 있음을 관계적으로 훌륭히 파악하고 있다. 와쓰지는 말한다. "신명神命의 통로가 극히 구체적으로 한정되어 있음에도 그 명령을 발하는 신들은 막연함으로서의 부정이다"라고. 궁극적 규준을 이루는 존재定在[정립적 존재]는 없고 그저 매개자와 매개의 영위만이 뚜렷한 것이다. 그렇게 신들을 거듭 위쪽으로 추적했던 결과 이르게 되는 최후의 지점이라는 것이 이미 신은 없는 구체적 제의 행위인 것이므로, '모셔지는 신보다도 모시는 신 쪽이 강한 존재를 지닌다'는 특질을 발견하고 거기로부터 '이 세상' 제사 공동체의 수장인 천황의 '신성성神聖性'을 설명했던 것이다. 그런 상대적 '신성성'이 지닌 형용모순을 지적하는 일 없이 말이다.*

• * 와쓰지 데쓰로는 영(靈) 그 자체에 대한 영매자=영매 행위의 우위라는 천황제 '정신'의 특질을 훌륭하게 파악했음에도, 그것을 가치적으로 긍정하려 했었기 때문에 논리적 모순에 거꾸로 빠지고 있다. 곧 그는 일본의 '신'이 '부정(不定)'의 것이고 따라서 결코 '궁극자'가 아니라는 점을 강조하면서, 마지막에는 그러한 '부정성' 곧 '대상적'으로 '한정'되는 것이 아니기에 **"절대자**에 대한 태도로서는 진정으로 **올바른** 것이다"(『존황사상과 그 전통』, 44쪽)라고 썼던 것이다. '신'을 '절대자'**로서** 규정하지 않는다는 특징을 지적하면서 그 특징이 '절대자에 대한 태도'로서 '올바르다'고 하는 것은 어떤 모순일 것인가. '절대자'가 없는

그런데 구체적인 제사 행위와 그 계승만이 '확실한 것'으로 존재하는 사회에서는 제사의 의례 혹은 점술의 **방법·절차**는 **존재**하지만 그 의례나 절차가 '올바른' 것인지 어떤지를 되묻는 일은 원리적인 형식에서는 행해지지 않는다. 거기서 문제가 되는 것은 어떤 점술의 결과에 따라 취한 행위가 실패로 귀결된 경우 그런 점술 행위의 잘못이 지적되어 좀 더 적당한 점술 절차를 찾아야만 되는 것뿐이다. 물론 점술에 따르지 않아서 일어나는 행위의 실패는 많은 예가 있지만, 그것은 주술적 제의 내부로부터 그 방법의 옳고 그름을 따져 묻는 일과는 전혀 관계가 없는 것으로, 이는 거꾸로 **기존** 제의의 권위를 **그 상태 그대로** 긍정하는 것일 뿐이기에 아무런 문제도 되

• 곳에 어째서 '절대자에 대한 태도'가 있을 수 있는가. 이런 와쓰지의 논리적 진행 속에는 부지불식간에 어느새 '절대자'라는 것은 대상 규정적인 인지가 미칠 수 없는 것이라는 **절대자의 규정**=정의가 잠입해 있다. '무규정'이라는 것과 '모든 규정을 초월한다'고 규정하는 것은 질적으로 전혀 다른 것이다. 그 양자를 그야말로 무규정적으로 연속시킴으로써 와쓰지는 궁극적 절대자를 설정하지 않는 정신구조를 '절대자에 대한 바른 태도'로 결론지었던 것이다. 따라서 그 논리적 모순은 무자각적인 기만인 것이다. 이 기만에 의해서만이 와쓰지는 천황제의 이데올로그로, 군국체제의 지적 지주가 될 수 있었다. 이 미세한 논리적 오류가 가진 거대한 의미를 파악하지 못하고 있다는 점에서, 저명한 벨라(R. N. Bellah)의 와쓰지론[1965]은 박력(다이너미즘)을 결여하고 있는 것이다. 미묘한 곳에 커다란 전향의 열쇠 하나가 숨겨져 있다는 점에 주의를 결여할 때, 사상사 연구는 자칫 도식적 유형주의로 떨어지기 쉽다.

지 않는다. 이리하여 제의의 방법·절차에 관해 일어날
수 있는 그 내부로부터의 의문은 **그때그때의** 구체적인 행
위와의 관련에서만 **때마다** 생겨날 뿐이고, 제의체계 전체
와 관련하여 그 체계를 안쪽으로부터 흔들고 목적의식
적으로 그것을 변혁하는 데에 도달하려는 질의·해석은
생겨나지 않는다. 그러한 제의체계 자체에 관계되는 의
문이 그 체계 내부로부터 일어나기 위해서는 당연히 제
의 그 자체를, 시공간을 초월한 궁극적 정점定點에 대한
수단으로 파악하는 의식이 존재하지 않으면 안 된다.

그렇게 '절대자'를 대하는 **수단**에 지나지 않는 것
이기에 틀리면 수정될 수 있다고 생각할 수 있게 되는
것이고, 동시에 '절대자'**를 대하는** 수단이기에 결코 '틀
려서는 안 되는' 것으로 재검토되어 '올바로' 유지되
지 않으면 안 된다고 생각할 수 있게 되는 것이다. 따
라서 '의문'도 '해석'도 '혁신의 의지'도 진지하고 치열
한 관심에 의해 철저화된다. (이것이 정통·이단의 격렬한
논쟁과 이단의 확신성이 발생하는 이유이다.) 거기서는 구
체적인 경험적 인격으로서의 자기의 현세적 행위가 갖
는 성공·실패가 목적이 아니라 '절대자'를 향한 '올바
른' 태도가 문제인 것이다. 이리하여 '주술로부터의 해
방(Entzauberung)'이라는 범주에 의해 상징되고 있는 과
정, 곧 '주술'과 '신앙'을 가교할 수 없는 단절이 여기에

이르러 명확해진다. 주술과 신앙에서의 목적의 역전. 주술의 근본적인 현세적 이익성과 신앙의 근본적인 귀의성·초월성, 주술에 드러나는 인간 에고이즘의 근시성·외면성과 신앙에 드러나는 인간 에고이즘의 장기성(저세상에서의 구제)·내면성, 그것들의 대조가 분명할 것이다. (예컨대 매럿의 『종교와 주술*The Threshold of Religion*』 [1900]에서도 그런 대조가 심리학적 관점에서 본 차이로서 잘 서술되고 있다.)

이와 같이 천황제의 주술적 제의 아래서는 상대가 **부정**不定으로 막연한 것이기 때문에 그 상대에 대한 관계의 방식을 원리적으로 규정하는 것이 불가능하며, 따라서 제의의 존재방식의 '옳고 그름'이 체계적으로 문제시되는 일이 없다. 이 경우에 '취해야 할 태도'로서 **일반성**을 가지고 언명할 수 있는 가르침은 단 하나이다. 그것은 '삿된 마음이 아니라 곧은 마음을 가지고 제의·점술에 접하라'는 주관적 **심정**의 태도에 대한 가르침이다. 이것이라면 상대가 무엇이든 막론하고 타당한 가르침이다. 이리하여 천황제적 의식구조에서는 신 곁에 보편성이 있는 것이 아니라 거꾸로 예배하는 자의 **자연적 심정** 곁에 보편적 상태가 **요구**된다. 전통적 '청명심淸明心'의 교설은 그에 따른 결과이다. 국가관료제가 형성된 단계에

서 '고쿠분지'[4)의 체계를 만들어 '진호국가불교'로의 귀
의를 시행했던 쇼무聖武 천황조차도 "원통함을 제거하고
상서로움을 비는 것은 반드시 유명幽明[저승·이승]에 홀리지
만 신을 경배하며 불佛을 존숭하는 것은 청정을 우선으
로 삼는다"라고 하셨던 것이다. '먼저' 청정이 중요한 것
이다(쇼무 천황, 「경신존불敬神尊佛에 대해 칠도제국七道諸國에 내
리신 조서」, 『쇼쿠니혼기續日本記』)." 심정의 곧음만을 가르치
는 교설은 객관적인 양식의 **옳고 그름**에 대한 사색과는
정반대의 것이다. 전자는 **태도의** 자연스러움만을 요구하
고 후자는 무엇보다도 '진리에' 합치하고 있는가 아닌가
를 문제 삼는다. 따라서 전자의 경우에는 죄 있음으로
'추방'된 스사노오노미코토만이 '올곧기' 때문에 사랑스

• **4** 國分寺. 나라(奈良) 시대(741년), 불교에 의한 호국을 위해 쇼무 천
황이 당시 일본 각국에 명하여 건립한 절이다.
 ** 『쇼쿠니혼기』의 본문은 다음과 같다. "원통함을 제거하고 상서로
움을 비는 것은 반드시 유명(幽明[저승·이승])에 홀리지만 신을 경배
하며 불(佛)을 존숭하는 것은 청정을 우선으로 삼는다. 지금 듣는다,
여러 나라 신기사(神祇社) 속에 오염된 냄새가 나는 온갖 가축이 풀어
져 있다고. 신을 향한 존숭의 예법이 어찌 이와 같이 되었는가. 적절
히 국사장관(國司長官) 스스로 폐백[신 앞의 공물 올림]의 직무를 맡
아 삼가 청소를 다하여 항상 매년의 행사가 될지어다. 또 여러 사원
안에서는 맡은 바 소정(掃淨[깨끗이 함])에 더하여, 거듭 비구와 비구
니로 하여금 금광명경(金光明經)[4세기 무렵 성립된 불교경전으로 대승경전에 속하
며, 일본에서는 법화경(法華經), 인왕경(仁王經)과 함께 호국 3부경의 하나로 꼽힘]을 읽게 한
다. 만약 이 경전이 없는 이는, 곧 최승왕경(最勝王經)으로 바꿔 국가
로 하여금 평안케 하라."

러운 존재가 된다. '추방'하면서 어딘가에서 '용서하고'
있다. 그것은 원리적인 관용이 아니며 동시에 원리적으
로 추방했던 것도 아니다. 그것은 존재를 '용서하는' 것
이 아니라 '뒤쫓는' 것이고 '대결' 없이 '허용'한다. 거기
에선 결코 도그마는 태어나지 않는다. 따라서 또한 '객관
적'으로 타당해야 한다고 '절대적'으로 확신된 규범체계
에 따라 사회질서를 건설하는 일도 일어날 수 없다. 여
기서 생겨났던 주술적 제의의 체계는 겨우 다이조사이大
嘗祭5)와 같은 '공적 주술제의公的呪儀'(말리노프스키)와 부뚜
막 숭배 같은 사적 주술제의의 구별을 낳는 것에 지나지
않는다. 따라서 매우 역설적이지만 정치사회의 통합에
서 제의 이상의 규칙 체계가 필요해지자마자, 그것에 **도
움이 되는 한에서** 세계적 사상의 여러 체계가 아주 간단히
수용된다. '치국평천하'의 가르침인 유교는 물론 불교와
같은 현세 부정적인 세계종교조차 **그런 관점에서는** 수용이
허락되는 것이다. 이리하여 '국체國體[고쿠타이]의 무한포용
성'(마루야마 마사오,『일본의 사상』)과 세계적 사상체계들의
'잡거성雜居性'(마루야마, 같은 책)이 여기 일본 사회의 특징
이 된다. 그러나 동시에 수용된 사상체계가 한번 제사공
동체로서의 국민적 통일을 때려 부술 가능성을 가진 것

으로 판단되자마자 그것은 즉각 '가이쿄^{外敎}[외래적 종교·가르침]'·'아다시카미^{他神}[다른 신]'로 이단시된다. 불교 수용을 둘러싼 소가·모노노베의 다툼⁶⁾에 대해 알려진 이야기는 그런 경향을 상징적으로 보여주고 있다. 그 이야기는 요메이^{用明}[518~587] 천황이 신조사이^{新嘗祭}(아마도 센조다이조사이^{踐祚[즉위]大嘗祭})를 행했던 그날에 병을 얻었기에 '짐^朕은 삼보^{三寶}[세 보물: 불(佛)·법(法)·승(僧)]에 귀의하려 한다. 경들은 의논하라'고 제의하기에 이르고, 이에 대해 모노노베·나카토미가 '어째서 구니쓰카미^{國神}를 등지고 아다시카미를 경배하려는지 그 까닭을 알지 못하겠습니다'라고 반대했음에 반해, 소가는 '조칙에 따라 받들어 모실 것입니다. 어찌 다른 속셈을 키우겠습니까'라며 천황에 찬성했다는 줄거리로 되어 있다(『니혼쇼키^{日本書記}』 '본요메이기^{用明紀}'). 여기에선 분명히 천황제의 전통적인 중심적 제의인 다이조사이의 권위가 천황 자신의 불교 귀의에 의해 위태로워지고 있다. '궁극적 존재'가 신이 아니라 제사였던 고전적 천황제에 있어 통합을 위한 중심적 위치를 점하

• **6** 백제로부터의 불상(불교) 전래 직후부터 40년간 이어진 숭불파 소가(蘇我) 씨와 배불파 모노노베(物部) 씨의 정치적 대립이다. 오랜 내전 끝에 숭불파가 승리하면서 모노노베 씨는 몰락했다. 천황에 의한 불(佛)의 숭상이 천황 자신 위의 신성에 대한 경배라는 사실에서 오는 천황가의 지배의 정통성 문제가 있었는데, 이를 해결한 것이 쇼토쿠(聖德) 태자의 '신불유(神佛儒) 습합' 정책이었다.

는 제의(공적 주술제의)의 권위가 결핍될 때 그것은 중대한 일이 된다. 이 위기감이 '구니쓰카미를 **등지고**'라는 말에 담겨 있다. 이런 식으로 '구니쓰카미=제의의 통합체'를 등지는 것으로 기능하는 **한에서** '아다시카미=외래적 가르침'은 배척되는 것이다. '아다시카미'이므로 악하다는 것이 아니다. 그것이 제의통합체를 위태롭게 하지 않고 오히려 국가적 통합을 보조한다거나, 혹은 순수하게 씨족 내부에서 예배된다거나, 개인의 신앙으로 머물고 있는 경우에는 그것이 천황의 신앙인 경우에조차도 결코 배척되지 않는다. 그 예증은 기기記紀의 이야기 속에 많이 있다. 그뿐만 아닌 것이 그 이후 '불교'는 고쿠분지의 통합체계로서 현세적 정치질서의 버팀목으로까지 되지 않았던가.

이리하여 고전적인 천황제의 의식형태 아래서 일어날 **수 있는** 이단이란 주술제의적 통합체계의 중심을 점하고 있는 '공적 주술제의'의 권위성을 위협하는 것이었음이 분명해진다. 그럼에도 그렇게 위협하는 것이 원리적으로 모두 이단인 것은 아니다. 초월자를 규정하려고 하지 않는, 말하자면 '사상적 무관심'의 사회에서는 사상 그 자체의 이단성이 문제가 되지 않는다. 구체적 상황에서 구체적으로 '공적 주술제의'의 권위를 폄하하는 경우에 비로소 이단이 된다. 따라서 첫째로 '공적 주술제의'에 대해 '씨족의 주술제의'나 '부락의 주술'이나 '개인의 주술'이 **'등을 지는'** 경우에 그것들은 이단이 된다. 이는 예컨대 소가 씨의 씨족제의로서의 불교·부락공동체의 제의, 거기로부터 나오는 토착적 주술제의, 개인 간의 블랙매직[7] 등에 대한 취급의 변천 속에서 볼 수 있다. 따라서 또한 씨족제의에 대해서도 부락공동체에 대해서도 유랑하는 주술 집단 내부에서도 각 집단 레벨^{차원}에서의 '공적 주술제의'를 위협하는 것은 각 집단으로부터 이단으로 간주된다.

그러므로 둘째, '가이쿄'(paganism^[이교도·이교주의])가 천황제의 '공적 주술제의'의 권위를 위협하려는 것이 되는 경우에 그것은 당연히 이단이 된다. 불교의 일례는 앞서 이미 서술하였다.

신란[8]이나 도겐[9]의 경우는 서술하지 않아도 분명할 것이다. 현세적 통치의 학^學으로서 중요시되었던 유

• **7** 흑마술(黑魔術). 악의적·이기적 목적을 위해 초자연적·주술적 힘을 활용하는 것.

8 신란(親鸞, 1173~1263), 가마쿠라 시대의 승려, 정토진종의 종조(宗祖).

9 도겐(道元, 1200~1253), 가마쿠라 시대의 선승(禪僧), 조동종(曹洞宗)의 개조.

교에서조차 '제의'의 권위보다도 훨씬 높은 절대적 권위
를 '성인聖人의 도道'에서 공공연히 구했던 소라이학徂徠學
과 같은 경우에는 '이학異學의 금지'를 당하지 않으면 안
되었다. '기리시탄切支丹'[10]에 대해서도, '그리스도교'에 대
해서도, '사회주의'에 대해서도, '무정부주의'에 대해서
도, '공산주의'에 대해서도 사정은 마찬가지이다. 단지
그것들이 '이교'로 받아들여졌던 것만으로는 이단시되
어도 그 강도가 약했지만, 그것들이 '천황제'의 권위·지
방사회의 제의의 권위를 위협하려는 것이 되자마자 그
들 '이교'의 무리는 이단자로 강하게 간주된다. 가와카미
하지메[11]가 '학설'과 사상을 변함없이 지속하고 그 '실
천'만을 방기한다고 선언함으로써 석방되기에 이르렀던
것은, 다른 이유(그가 칙임교수였다는 것 따위)가 작용하고
있을지라도 위와 같은 다이너미즘을 상징한다. 또 천황
제의 특이성과 그것이 갖는 일본에서의 중심적 의미를
주장했던 '강좌파' 마르크스주의 쪽이, 천황제를 세계의

- **10** 포르투갈어 'Cristáo'의 일본식 표기. 한자로는 切支丹, 吉利支
丹. 전국(戰國)시대 일본에 전래된 가톨릭 신도·선교사 및 가톨릭적
움직임을 가리킨다. 당시 신도는 75만. '크리스천(キリスト者)'과는 다
르다.

  11 가와카미 하지메(河上肇, 1879~1946) 마르크스주의 경제학자. 일
본공산당 당원. 『자본론』을 부분 번역(1권 1장 부분 번역)했으며 『가난
이야기』를 썼다.

군주제 일반 속으로 해소해 그다지 문제화하지 않았던 '노농파' 마르크스주의보다도 훨씬 엄격하게 박해받았던 것은, '외국' 소련과의 조직적 결속이라는 이유가 작용한 것이라 하더라도 역시 천황제 아래서의 이단 탄압이 단순히 사상원리 그 자체에 의해서가 아니라 '공적 주술제의'의 권위를 위협하는 경우에 생겨난다는 '법칙성'을 보여주는 사실일 것이다.***

이러한 이교의 이단화는 천황제적 의식구조의 위기감 증대와 서로 관계되어 있으므로 전통적 '정치질서'가 안정되어 있는 경우, 수용된 세계의 여러 종교(및 사상)은

• *** 그러나 예컨대 유럽 중세의 로마교회에서도 단순히 이단적 사상을 지니고 있다는 것만으로는 이단이 되지 않으며, 그것이 교회의 '공적 교의'의 권위를 위협하고 그것에 의해 교회조직을 위태롭게 하는 경우, 특히 조직적 분리(Schism)로까지 발전되었던 경우에 비로소 이단이 된다는 '법칙성'은 존재한다(cf. J. Joll, *Anarchism*, introduction, and Dunham, *Heroes and Heretics*, Chap. 5). 그러면 일본의 경우와 무엇이 결정적으로 다른 것인가. 첫째로, 이단자의 정통의식이다. 이에 대해서는 이미 서술하였다. 둘째로, 이단사상이 교회조직의 '정치적 고려'에 의해 박해되지 않는 경우에도 그것이 이단인가 아닌가는 **사상의 레벨**에서 이미 자타에 대해 동시에 분명한 것이다. 이단사상의 판정을 위해서는 '실천'을 기다릴 것까지도 없다. 왜냐하면 정통은 견고한 교의체계를 명시하고 있기 때문이다. **여기**에 '비(非)그리스도적인 것을 가르치는 크리스천'인 **교의(教義)적 이단**과 '비일본적'이거나 '비미국적'이라는 까닭으로 이단이 되는 **국수(國粹)적** 이단 간의 차이가 있다. 그리하여 셋째로, 이교가 이단과 동일시되는 것은 **원리적으로는** 있을 수 없다. 앞서 보았던 공통의 '법칙성'은 여기서는 이단의 단순한 현행화 과정이기에, 천황제 사회에서 그 '법칙성'은 이미 본 것처럼 이교의 이단으로의 전화과정으로 나타난다.

'멋쟁이^{하이칼라}' 이국의 교설로서, 혹은 진귀하게 여겨지고 게다가 존경받기까지 한다. 이런 현상은 외국문화를 먼저 받아들일 수 있는 것이 존경받는 교양인인 신분에게만 해당된다는 사정으로 한층 더 촉진된다. 이리하여 이교의 단계에서는 존경받고 봉행되던 것이 전통적 '정치질서'의 안정이 무너짐으로써 유동적인 상황(이른바 상황화)이 되고 전통적 의식구조에서 인지되는 위기감이 높아지면, 그런 이교는 이단으로 간주되고 '비일본적으로 되는 것을 가르치는 일본인'으로 비난과 박해를 받는다. 따라서 일반 사회인의 의식 속에는 '평상시'의 존경과 선망이 '비상시'의 비난과 박해 속에 섞여 들어갈 수밖에 없고, 그래서 비난은 존경받는 자에 대한 약자의 비난에서 거듭 생겨나는 은밀히 '불쾌감'을 안기는 '비꼼'의 양상을 띠게 되고, 박해는 선망의 대상에 대한 질투 섞인 심술궂은 복수의 성격을 띠기에 이른다. 이어 그러한 특징은 공정한 이론적 대결의 궤도를 갈수록 잃게 하며, 이단 박해의 과정은 규범의 문제에서도 **교의**의 문제에서도 주술적 제의의 문제에서조차도 사라져 결국 지극히 '인간 냄새 나는' 사회심리학적 과정이 된다. 이리하여 천황제 사회는 갈수록 무사상^{無思想}의 사회가 되어간다.

2. 공적 주술제의를 위협하는 것으로서의 '주술이단'
—그 원형과 분극화 과정

고전적 천황제 의식의 통합체에 대한 이단의 주요 유형
에는, 앞에서 본 '이교의 이단화'와 나란히 또 하나의 유
형으로서 '공적 주술제의'의 권위성을 위협하는 '사적'
주술행위가 있었다. 아니, 그렇다기보다 '공적 주술제의'
에 도전하는 주술이 **그런 행위에 의해 비로소** '사적 주술'이
되고, 그런 '사적'인 자의성에 의해 이단이 되는 것이다.
이단의 원시적 형태가 본래 동양에서도 서양에서도 '개
인의 자발적 선택'을 뜻하는 것이었다는 사정에서 본다
면, 이 주술적 이단은 이단으로 불려도 전혀 이상한 것
이 아니다. 그러나 여기서의 특이성은 앞서 서술했듯 주
술제의에 의해 통합되고 있는 사회라는 것이 그 속에서
의 모든 행위가 '공동적'인 동시에 '이기적'이고 '공公'은
결코 '사私'로부터 분리되지 않는 사회라는 점으로부터

생겨난다. '공'은 오오야케[12]여서 사적인 씨족·가문에
있어 '중대한 것'에 지나지 않는 반면, 씨족·가문도 또
한 '작은 공'이어서 결코 사적 개인의 집합체가 아니다.
이렇게 개인도 그 등 뒤에 '작은 공'과 '큰 공'을 짊어지
고 있다. 여기서는 '사'와 마주 대하는 '공'은 없다. 때문
에 여기서 '사'가 발생하는 것은 공=사의 연속적 계열체
系列體를 등지는 자가 출현하는 경우이고, 그 배반자가 개
인이든 집단이든 상관은 없다. 그 배반 행위와 배반자가
오오야케(공=사 계열)를 '사사화[私事化·私物化]하는' 자가 되
는 것이다. 따라서 당연히 공=사 계열의 중심적 정점에
서 있는 천황의 행동양식·주술제의의 권위를 모독하는
것이 '사적 행위'의 극한이 된다.

　　'함부로 신의 의지를 헤아리는 자'가 '사적 선택'을
행하는 이단인 것이 아니라 '제멋대로 천황의 풍의風儀[예
의범절·풍습]를 행하는 자'가 이단(하이레시스[hairesis, 당파·종파])
인 것이다. 마찬가지로 '멋대로 마을의 제의를 집행하
는 자'는 사적 선택을 행하는 이단이 된다. 공동체가 결
정한 제의 날짜가 아닌 때에 제의 '행사'를 거행하는 것,
'행사'의 내용을 함부로 변경하는 것, 그것들은 모두 이

---

* **12**　オオヤケ. '公'의 가타카나 표기. 정부, 관, 사회, 공적인, 공공적
  인 등을 뜻하지만, 저자는 조금 뒤 "오오야케(공=사 계열)"라고 쓰면서,
  공/사 개념의 교착·등치를 가리키는 용어로 사용한다.

단자들의 행위일 수밖에 없다. 따라서 전통적 예술 속에 출현하는 최대의 '악인'은 때때로 '천자天子 식으로 행동하고', '제의의 미코시[신여(神輿)]처럼' 난폭한 체하는 모습을 보임으로써 '악인'으로서의 이미지를 관중에게 전달한다. 이는 고전적 천황제에서의 이단의 존재 형태를 반영하고 있을 것이다. 다음의 예를 보자. 「스가와라노덴 주테나라이카가미菅原傳授手習鑑」[13]에서 '칙령'에 따라 서도筆道의 '진수'를 전수해야 하는 7일간의 '목욕재계'를 행하고 '학문소學文所'의 '금줄' 아래서 '신토神道'의 주술제의를 충실히 행하며 충신 간菅 승상(스가와라노 미치자네)을 유배 보낸 '악역' 후지와라노 시헤이는 누구이며 어떻게 행동했던 자인가. 그는 사적 주술제의의 실행자로서 공적 주술제의의 질서에 대해 교란 행동을 하는 자였다.

"야, 성가신 짐승 놈들, 멍에를 풀어놓으면 소는 쏜

• **13** 헤이안(平安) 시대의 학자·문장가·정치가였던 스가와라노 미치자네(菅原道眞, 845~903)의 실각 사건, 곧 '쇼타이(昌泰)의 변'을 중심으로 그의 유배·복수욱·죽음을 다룬 가부키·인형극(人形淨瑠璃)이다. 1746년 초연을 했고 교겐(狂言, 일본의 고전 연희)으로도 공연되었다. 스가와라노는 그의 재능과 지위를 시기해 모략을 펼친 정적(政敵) 후지와라노 도키히라(871~909, 극중에서는 동일한 한자로 '후지와라노 시헤이藤原時平'라는 이름으로 등장함)와 그를 신임하게 된 다이고(醍醐) 천황에 의해 후쿠오카 다자이후에 유배되었다. 그는 유배된 다자이후에서 죽었고, 그를 학문의 신으로 봉행하는 덴만구(天滿宮) 신사의 총본산이 그곳에 있다.

살같이 달려가리라. 수레 안이 흔들려도 보이겠지만, **비 단발**御簾**도 장식들도 족족 밟아 부수며** 나타나는 시헤이 대신大臣, 긴코지노캄무리金巾子の冠[천황의 관]**를 쓰고 천자가 하지 않 는 단장으로 붉디붉은 얼굴색을 하고**, 야, 쇠꼬리에 붙은 똥파리 놈들, 수레 모는 채찍에 붙은 방해물들, 수레바 퀴로 깔아 죽이리라. 거꾸로 그런 대신을 깔아 죽이려는 야, 이 두 놈(우메오마루梅王丸 · 사쿠라마루櫻丸[둘 모두 간 승상의 하 인) 힘으로 수레를 공중에 들어 올리려기에 (…) 그것을 둘러싸고 마지막 운명을 결정할 때라고 서로들 옥신각 신하니, 그 수레란 제의의 신여에 다름 아니었다."(히로스 에 다모쓰, 『또 하나의 일본미日本美』에서 인용. 이 부분은 이와나 미 일본고전문학대계 『분라쿠조루리집文樂淨溜璃集』에는 조금 다 르게 되어 있다).

여기서 볼 수 있는 귀족의 수레牛車에 달린 '비단발' 이나 '장식들'이 천황제적 제의의 도구인 것은 말할 것 도 없다. 그것들을 시헤이는 두 번씩이나 밟아 깨부수 고 또 밟아 부러뜨리며 뛰쳐나오고 있는 것이다. 게다가 그 시헤이의 모습이라는 것이 '천자가 하지 않는 단장' 을 하고 있으며 그의 하인이 상대편과 '수레'를 두고 옥 신각신하는 모습은 '제의의 신여'를 부리는 것과 '다르지 않은' 것이었다. 어디까지나 '신도의 비밀의식'에 충실하 게 행동하면서 '칙령'을 받들어 모시려는 스가와라노는

'공'='사' 연속의 주술제의체계의 통합체에 충성하는 것이지만, 그를 함정에 빠뜨린 시헤이는 '비단발'을 밟고 넘어 '소'를 풀어줌으로써 제의·행사의 '자리座[지위]'와 질서를 파괴하고, **자기 마음대로** '천황의 단장'을 하고 나타나, **때아닌** 공동체 '제의의 신여'를 매우 자의적으로 지휘하고 있는 것이다. 히로스에 다모쓰[14] 씨는 그런 시헤이의 모습을 '주술적인 음성陰性의 악'이라고 부르고, 일본의 전통예술 속에 있는 그런 '악'의 이미지를 '권선징악적인 공동체 도덕'에 대한 부정운동으로 파악했다. 시헤이의 모습에서 '음성'을 감지하는 것은 불가능할지라도 어쨌든 그것은 일본의 전통예술을 재인식하는 빼어난 관점의 제출이다. 그렇게 그의 설명은 한쪽 면에서 분명히 옳다.

그 설명은 특히 에도江戸 시대의 유교적 도덕규범이 침투하고 있던 사회의 경우, 확실히 중대한 일면에 해당될 것이다. 그러나 히로스에 씨가 간과하고 있는 것은 시헤이의 '주술적 악'이 결국에 대항하고 있는 것은 단지 '권선징악 도덕' **일반**이 아니라 바로 그 자신이 '주술의 제의체계'에 다름 아니라는 점이다. 단지 스가와라노

• **14** 히로스에 다모쓰(廣末保, 1919~1993), 연극평론가, 근대문예 연구자.

승상에 전형화되어 있는 신도적 주술제의의 체계는 시
헤이적인 주술제의의 사적인 사용에 대해 '공적 주술제
의'로서 통합화되고, 따라서 사회도덕화하고 있는, 말하
자면 '주술이 합리화된 것'으로서 유교적 '질서의 합리주
의'와 유착되고 있는 것이었다. 이런 점이 우리의 문제
설정에서는 중요한 것이다. 즉, 시헤이는 천황제적 '주술
제의의 체계' 속에서 발생하는 이단인 것이다. 그는 주술
제의의 전 체계를 바깥쪽으로부터 근본적으로 부정하는
것이 아니다. 오히려 거꾸로 주술제의에 의존하고 있다.
단지 '사적인' 목적으로 '자의적으로' 주술제의를 행하고
있음으로써 이단인 것이다. 그는 날것의 '물리적인 힘'에
만 의존하는 반역자는 아니다. 또 '주술로부터의 해방'을
내면적으로 감행하여 현세를 넘어선 원리를 섬기는 이
도 아니다. 즉, 천황제에 대한 '이교'의 무리가 아니다.
따라서 '이교'의 사회적 정착과 그것의 '이단'으로의 전
화라는 사상적 레벨에서의 다이너미즘은 여기서는 **자동
적으로는** 생겨나지 않는다. 그러나 '이교'의 입장으로부
터 이런 전통적 '이단'을 역사적으로 재해석함으로써 '이
교'를 단순한 '가이쿄'(수입 사상) 정도로 결산해버리지
않고, 그 '이단'을 일본 사회에 정착시키기 위한 계기(단
서)로 활용하는 것은 가능하다. (히로스에 씨의 업적은 바로
그 점을 노리고 있다.) 그런 경우에는 앞서 서술했던 주술

적 이단의 이단성, 곧 정통적 주술제의의 전 체계에 대
한 근본적 부정이 아니라는 점을 배려할 필요가 있을 것
이다. 미라를 찾는 자는 자신 스스로가 결코 미라가 되
지 않음으로써만 미라를 찾을 수 있다.****

시헤이의 이미지에서 볼 수 있었던 주술제의체계
속의 이단은 '주술의 합리화'가 일반적인 것으로 비약하
고 그것이 유교의 수용 아래 일본적 국가관료제도의 '의
례=규칙=신분계층'으로 확립되자 **양극으로** 분해된다. 하

•   **** 히로스에 씨의 업적 『또 하나의 일본미』는, 여기서 인용했던 후
지와라노 시헤이의 이미지에 대한 분석만이 아니라 '유행예능민(遊
行藝能民)'이 봉행하는 영(靈)이 공동체 질서와 공동체 도덕을 위협하
고 지배하면서 유동하는 과정을 전통예술 속에서 추출하고 그것이 최
후에 '내버려지게 되는' 과정까지도 훌륭히 집어내고 있다. 바라건대
비교의 축(비교와 대조의 규준)을 추상적인 '촌락공동체적 권선징악 도
덕'으로만 일원화하지 않고 좀 더 다각화하기를 기대하고 싶다. 예컨
대 오규 소라이(荻生徂徠)가 『세이단(政談)』에서 어떻게 '유행민(遊行
民)'이 **막번 구조**[중앙정부인 막부(幕)와 지방정부인 여러 번(藩)의 봉
건적 관계를 통해 통치됐던 일본 근세의 정치체제] 그 자체에 중요한
위협으로 다뤄지고 있었던가 하고 말했었다는 점. 또 일괄하여 사회
의 '선악관(善惡觀)'이라고 말했을 때 간과되는 것은 유교 내부에서도
이미 다양한 체계적 차이가 있고 그런 체계 간의 전환이 바로 사회의
정신구조 변혁을 뜻하는 경우까지도 있었다는 것이다. 유교에서조차
도 그러한데 하물며 세계종교의 경우에는 더더욱 그러할 것이다. 불
교가 신란을 낳고, 기리시탄이 대중적 **사상**운동을 낳은 것은 알려진
대로이다. 그것들과 주술적 이단의 관계는 대체 어떤 것이었던가.

나는 주술제의체계의 세습적 '추장'인 천황의 혈통 계보의 '자의적 참칭'이 되고, 또 하나는 관료제적 의례체계(거기서 의례는 동시에 정치적 규칙이기도 하다)에 대해 '함부로 괴력난신怪力亂神[괴이·폭력·반란·귀신]을 믿는 민간의 행위'가 된다. 주술제의체계 속의 이단의 존재 형태 그 자체가 정점과 저변으로 양극분해되어 시헤이에서와 같은 포괄성('천자' 식으로 단장하고 동시에 '신여'조차 '사용'하는)을 잃어버리는 것이다. 첫 번째 경우에 '세이준正閏15) 논쟁'이 나타나고, 그 위에 그것의 희극적 형태로서 '구마자와熊澤 천황'16)이 태어난다. 여기서 이단은 어느새 이에家의 계보系圖[족보·계통] 속에서의 '비정통閏'인 것에 지나지 않는다. 그것은 이미 사상의 문제가 아니라 '가족국가'에서의 '가족' 부분에 관한 쇄말적인 다툼이다. 이후 아마도 서술될 것이지만 정통에 대한 모든 이단의 반항 과정에서는 항쟁이 일정한 단계에 도달하자마자 반항의 자기목적화가 생겨난다. 거기에 이르렀을 때 정통·이단의 다툼은 쇄말적인 말초적 문제에 얽매이게 된다. '원리를 향한 순수성'을 지니고 출발했던 이단은 거기에 이르러

• **15** 정위(正位)와 윤위(閏位. 정통이 아닌 왕위), 올바른 계통과 그렇지 않은 계통, 정통과 비정통.
    16 태평양전쟁 이후, 정통 황위 계승자로 자칭한 구마자와 히로미치(熊澤寬道, 1889~ 1966)는 '자칭 천황'의 대표적 인물이다.

말기 증상을 드러내고 사상적으로도 조직적으로도 생산
성을 잃어 단지 '반항자'라는 것 이외의 다른 어떤 것도
사라지고 만다. 그와 동시에 정통은 단순한 정치적 통제
자에 지나지 않게 된다. 이런 경향성을 나는 정통·이단
의 쇄말주의화 경향(trivialization)이라고 부른다. 천황가
의 '계보 다툼'은 그렇게 천황제적 이단의 쇄말주의화에
다름 아니다. 그것은 '이에' 내부의 문제에 지나지 않기에
이단 일반의 쇄말주의화 중에서도 극단적으로 말초적인
것이다.

천황제 그 자체의 무사상성이 이단의 차원에서 현
현하고 있다고 말하지 않으면 안 될 것이다. 그리고 우
리는 다른 이에의 '프라이버시'에는 파고들어갈 흥미를
갖고 있지 않으므로 그것의 사회적·'공적' 기능의 특질
을 본 이상, 서둘러 다음으로 넘어가야 한다.

주술이단에 있어 양극 분해된 다른 한쪽 극은 한마
디로 말하자면 사회에서의 '백귀야행百鬼夜行'[17]이었다. 관
계없는 여러 종류의 잡다한 영들, 곧 '천신지기'를 제의
에 의해 통합하고 있던 천황제가 주술제의적 통합과 더
불어 '율령적' 관료제 통합을 통해 '질서의 합리화'를 확
립했던 때, 정치적·경제적·사회적 여러 계기의 경미한

• **17** 밤에 온갖 잡귀가 마을에 나타나 돌아다닌다는 뜻.

불안정은 항상 주술적 영들에 대한 신앙의 통합까지도 뒤흔들기에 이른다. '귀신'을 꺼리는 유교의 '합리주의'가 전래의 주술적 영들에 대한 신앙을 '멀리하고', 그것이 역으로 국가관료제에 대한 불만을 손쉽게 주술신앙으로 향하게 한다. "**괴이한 일에 대해 성인**聖人**은 말하지 않는다. 요언**妖言**의 죄에 대해 법제는 가벼이 여기지 않는다.** 그 위에 여러 나라, 민民의 **광언**을 믿고 아뢰는 것이 참으로 많다. 혹은 말하길, 국가에 **망령되이 화복**禍福**을 베푼다.** 법을 패배시켜 기강紀[근간]을 어지럽히는 것이 그보다 심한 것은 없다. 금후 항시 백성들은, **신탁을 청하는 자가** 있다면 남녀를 막론하고 때와 경우에 따라 결정을 부과하라"(사가嵯峨 천황, 「망령되이 신탁을 청하는 것을 금하는 조칙」, 고닌弘仁 3년[812년] 9월, 『니혼코키日本後紀』)라는 금령은 보기 드문 사례가 아니다.***** 거기서 여러 '지기地祇[땅의 신]'는 분해되어 홀로 걷기를 시작하고 있다.

'괴력난신'이 각양각색으로 여러 장소에서 멋대로

---

* ***** 그 이른 시기의 예로는 쇼무 천황(제45대)의 「이단 요술을 금하는 조칙」(덴표 원년 4월, 『쇼쿠니혼기』)일 것이다. "안팎의 문무백관 및 천하의 백성, **이단**을 학습하고, 환술(幻術)을 만들어 쓰고, 정령(厭魅)·저주(呪詛)와, 만물에 상처 입히는 자가 있다면, 그 목은 자르고, 딸린 것은 버려라. 혹시 산림에 살고, 거짓으로 불법(佛法)을 따라, 스스로 교화를 짓고, 교습하여 업을 주고, 서적에 봉인하고, 약을 합쳐 독을

기도되기 시작한다. 그것은 국가의례와 공동체 제의행
사 바깥에서 시행되어 점차 통합체 내부로 침투하고 그
것을 잠식한다.

그것은 '천신지기'에 **미치지 않는 곳이 없이** 존경을 표
하는 천황제 통합의 오소독시[orthodoxy, 정통]에 대해, 틀림
없이 '천신지기'의 **일부분**만을 **제멋대로** 추려내는 이단이
었다. 그러나 그것은 동시에 시헤이의 이미지에서 볼 수
있듯 천황제 체계 전체에 있어 대신하기 어려운 포괄성
을 가진 것이 아니다. 그것은 어디까지나 여러 영 중의
하나에 매달려 있는 것이었고, 그렇기에 국가통합을 해
체하는 기능을 가진 것이었다. 따라서 그런 이단의 여러

• 만들고, 만방에 괴이한 일을 만들어 칙금(勅禁)에 위반하는 자 있다면
그 죄도 또한 앞서와 같다. 그 그릇된 책에 들려 요망해지는 자는 조
칙으로 이후 50일 내에 그 목이 이르게 하라. 만약 기한 안에 목을 자
르지 못하고 이후 그 죄상을 고발(糺告)당하는 자 있다면, 우두머리와
부하를 불문하고 모두 유배할 것이다. 고발인에게는 명주 30필을 상
으로 주며, 죄인의 집(罪家)은 징수한다."
(주?) 그러나 후자의 경우에 '추방'은 '절대자'에의 '진리'에 대한 반대로
향해져 있는 것이기에, 한번 추방으로 결정된다면 이후의 심정 여하에
따라 그 결정이 용서되거나 하지 않는다. 오히려 그 경우에는 심정의
솔직함조차도 거듭 악마에 매혹된 결과로 인지된다. 그렇지만 이 경우
다른 일면, '신'은 모든 개인에 대한 보편적인 구제의 주(主)이므로 이
단의 피의자에 대해서도 가능한 한 구제의 길을 발견함으로써, '이단이
된다'고 하는 최후적 결정을 피하게끔 한다. 종교재판의 번거롭기까지
한 세세한 절차가 그것을 비유해 말해주고 있다. 그러한 배려와 절차에
도 끝내 이단의 논설을 굽히는 일 없이 오히려 교회 제도 쪽의 교설을
'그릇된' 것이라고 단호히 비판하는 자에 대해서는 (이하 없음)

형태는 '천신지기'의 숫자가 몇백이나 되어도 그에 대응하여 거의 무수한 형태로 존재한다. '영靈의 합리화'를 행하지 않았던 천황제에서는 이단의 숫자 또한 규정 불가능할 정도로 무한대가 된다.

말하자면 이단 또한 '합리화'되지 않는 것이다. 이들 여러 영에 대한 신앙 **그 자체**의 경험적 연구가 개별적인 예들에 대한 발굴·기록의 무한한 과정이 되어 좀처럼 체계성을 갖기 어려운 이유 중 하나가 거기에 있을 것이다. '주술 연구'와 '신학'의 중요한 차이가 거기에 있다. '민간신앙 연구'의 그런 특징 자체가 거꾸로 천황제 '정신구조'의 특질을 보여주는 하나의 자료이기도 한 것이다.

(미완)

제 3장

근대 일본에서의
이단의 여러 유형

보고와 토론

1. 보고(후지타 쇼조)

근대 일본의 경우, 역사적 순서로 말한다면 메이지 말기부터 정통에 대한 이단감각이라는 것이 나옵니다. 그이전까지는 어떤 의미에서 모두가 정통이라고 생각하고 있었기 때문에, 또는 모두에게 권리의 자격이란 각자가 각각의 유신상維新像을 가졌던 데에 있었기 때문에, [예컨대 각각의 유신상이] 좌절하는 경우에도 상대편이 나쁘니까 뜻했던 것과는 반대로 유신은 타락한다는 식으로 되는 것이죠. 그러한 분위기는 일단 메이지 국가가 확립되면서부터는 한층 더 일반화됩니다. 그 근본 원인은 역시 유신 그 자체의 성격에서 유래하고 있습니다. 유신이라는 것은 일반적으로 말하자면 다케코시 산사[1]가 일찍이 언급했듯 '아나키컬[anarchical] 레볼루션'이었고, '복고적'이든 '이상적'이든 어떤 이념을 지도원리로 하는 서양 근대의 혁명과는 다른, 일반적 계획성이 없는 혁명이었습니다. 물론 어떤 혁명에도 100퍼센트의 계획성 따위는 있을 수 없다고 생각하지만, 그럼에도 최소한도의 계획성조차 갖지 않았다는 점에 '혁명'으로서의 유신의 특징이 있었다고 생각합니다. 그러므로 유신이라는 혁명이 정말로 달성되었는가 아닌가의 문제는 유신의 진행 과정에서가 아니라 유신이 한차례의 제도적 완성을 보려고 하는 단계가 되어서야 비로소 네이션와이드[nationwide, 국가적·전국적]로 자각되어갑니다. 그 시기가 메이지 중기로 도쿠토미 소호[2]의 『고쿠민노토모國民之友』[메이지 20년(1887)~31년] 같은 것이 그 전형적인 예죠. 다만 유신의 공신들은 타락하여 안식의 지위를 얻고 있는데 아직 유신 그 자체는 완전히 성취되지 않고 있다, 이제부터다, 하는 느낌은 소호의 각도에서만이 아니라 여러 각도에서 감지할 수 있는 것이었습니다. 『고쿠민노토모』는 그러한 사회적 심리 상황에 어필했던 것

• **1** 다케코시 산사(竹越三叉, 1865~1950), 메이지에서 쇼와 전기까지의 정치가, 역사가.
2 도쿠토미 소호(德富蘇峰, 1863~1957), 정치가, 역사학자. 일본언론보국회·문학보국회·대일본국사회(國史會) 회장.

이고 그래서 창간호가 불티나게 팔려나갔던 거라고 저
는 생각하는 겁니다. 그 점에 대한 소호의 자각 정도는
매우 부족했던 것인바, 이는 다른 문제라고나 할까, 소
호론이 되는 것이겠지만, 소호의 경우는 그런 자각이
매우 부족했기 때문에 자기 자신의 논설이 좋으니까 당
대의 사람들에게 받아들여졌다고 여기더라도 실은 그
런 게 아니라 상당히 저널리스틱한 타이밍과 감각이 좋
아서 받아들여졌던 것이죠. 모든 각도에서 그러한 것이
분출하고 있었으니까. 유명한 것으로는 구가 가쓰난[3]의
『긴지세론코近時正論考』[1891]가 있고, 또 다케코시 산사의
『신니혼시新日本史』[상권, 1891]가 있습니다. 그것을 자주 '유
신의 재해석'이라고 말하지만, 그것은 '재再'가 아니라
첫 해석체계이지요, 유신에 대한. 거기로부터 일본 근대
국가의 이데올로기라는 것이 최초로 나오고, 그 위에서
국체론은 뒤에 나옵니다. 따라서 유신을 한층 더 강하
게 실행하려는 쪽에서 유신의 해석이 먼저 나오고, 그
에 대한 관료제 쪽으로부터의 대응으로 국체론이 나오
게 되었다고 생각합니다. 서두에 말했던 '정통'에 대한
관계 개념으로서의 '이단'이 등장하는 것은 그러한 국

• **3** 구가 가쓰난(陸羯南, 1857~1907), 국민주의 정치평론가, 일본신문
사 사장.

체론적 정통감각이 완성된 국가의 의식구조로 형성되는 사태에 있어서인 겁니다.

이 과정을 통해 보자면 거기에는 '자연적 사회'에서의 이단의 특색이 관철되고 있는바, 초월적 기초라는 것이 없기 때문에, 즉 이 세상 정치의 움직임을, 또 이 세상 정치의 일탈성을 명확하게 측정하는 기준이라는 것이 없기 때문에 이단은 모두 감각의 레벨[차원]에서 생겨납니다. 그러나 그럼에도 그것은 일정한 궤도를 갖고 있습니다. 최초의 일탈이란 오히려 메이지 국가는 틀렸다는, 국가 쪽이 유신의 경로를 일탈했다는 감각에 의해 지탱되고 있었습니다. 그것까지도 '이단'이라고 말한다면 그 '이단'은 '스스로를 정통이라고 생각하는 이단'이었습니다. 그런 의미에서 사상적 차원에서는 앞질러 이단 쪽이 먼저 있다는 원칙이, 이 경우에도 역시 관철되고 있다고 생각합니다.

'유신'의 정통이라는 자부를 가졌던 '이단'의 등장이 관료제 측에 '국체론'적 '정통감각'을 창출하고, 그것과의 관계성 속에서 스스로를 '이단'으로 자리매김하려는 감각이 형성되어간다는 양의성, 유신으로부터 메이지 말기에 이르는 과정에 포함된 '이단'을 둘러싼 그러한 양의적兩義的 문제 상황의 의미를 사고하기 위해서는 이단의 여러 단계에 대응했던 존재 형태를 유형화해보는 것이 필요하고 또 유효한 것이 아닐까 합니다. 저는 그것을 '내란', '소요', '운동'이라는 세 개의 유형으로 바라보고 싶은 것입니다.

먼저 사가佐賀에서의 난, 하기의 난, 세이난 전쟁 등을 주요 사례로 하는, '난亂' 또는 '변變'이라고 불리는 형태가 주목됩니다. 이것을 임시로 '내란' 범주로 개념화해 놓겠습니다. 이어 신푸렌 폭동神風連爆動[4], 가바산 사건加被山事件[5], 후쿠시마 사건, 지치부 소동 등을 주요 사례로 하는 '폭동', '소동', '사건'으로 불리는 형태가 있습니다. 이것들로 된 그룹을 임시로 '소요' 범주로 개념화해놓겠습니다. 셋째로 자유민권운동이나 국회개설운동을 전형으로 하는 '운동'으로 불리는 그룹이 있고, 이는 그대로 '운동' 범주로 개념화될 수 있습니다. 이 세 개의 그룹을 특징짓는 세 개의 범주는 '관점' 여하에 따라 구별되는 방법적 범주에 지나지 않을 것이므로 동일한 사례가 동시

• **4** 1876년 메이지 9년, 메이지 정부에 반대해 구마모토에서 일어난 사족 반란이다. '경신당(敬神黨)의 난'으로도 불린다.
5 1884년 메이지 17년, 자유민권운동의 급진적 민권가들이 도치키(栃木) 현령 미시마 미치쓰네(三島通庸)를 폭살하려다 미수에 그쳤는데, 이후 이들은 가바산 정상에서 '압제정부 전복', '자유의 으뜸(魁)' 등의 깃발을 내걸고 농성을 벌였다. 이는 후쿠시마 사건(福島事件, 1882), 곧 미시마의 압정에 반항했던 후쿠시마 자유당원과 농민을 탄압한 데 대한 대응이었으며, 두 사건 모두 이른바 '민권 격화사건'의 주요 예들이다.

에 두 개 이상의 범주에 속하게 되는 것을 배제하지 않습니다. 예컨대 지치부 소동은 자유민권운동의 '운동' 범주 속에서 기술되는 측면 또한 함축하고 있다고 말할 수 있습니다. 그러나 그렇더라도 이들 범주는 역사에 무지한 논리실증주의자가 자주 말하는 것처럼 단지 순수하게 논리적 유효성에만 근거해 마련된 가설은 아니라고 생각합니다. 오히려 이들 범주는 각 그룹의 사례로 들었던 여러 현상에 유난히 특징적인 하나의 요소를 공통분모로 분류한 결과 만들어진 것이고, 그런 의미에서는 역사적 범주입니다. 곧 하나의 '이념형'인 것입니다.

그러면 그러한 뜻에서 첫째 '내란' 범주를 특징짓는 한 가지 요소란 무엇인가 물을 때, 규모의 크기만이 기준이 될 수 없는 것은 예컨대 아키즈키의 난과 같은 작은 사건이 '난'으로 등록되고 있는 점을 볼 때에도 분명합니다. 물론 시대적 분위기가 하나의 요소였던 것, 즉 당시에는 '반역'을 두고 '난'이라고 불렀던 것과 같은 그런 분위기가 하나의 요소였던 것은 부정할 수 없다고 하더라도, 거기서 주목하고 싶은 것은 '권리'의 자각, 곧 내란 당사자가 반역의 당연하고 정당한 권리를 갖고 있다고 생각하는 점입니다. 곧 자신감, 이 경우엔 반역의 성패에 대한 자신감이 아니라 반역의 규범에 대한 자신감이라는 점이 중요한 것이지만, 그런 자신감을 갖고 있다

는 근거에 따라 만부득이한 반역을 선택한 그들의 정신
적 특징에 주목하고 싶습니다. 이러한 사정이 제1그룹의
사건에만 한정되는 특징도 아니고, 제1그룹의 사건이 모
두 '권리의 자각'을 충분히 가졌던 것도 아니라는 점은
중요한 대목이지만, 제2그룹과 비교할 때, 그 제2그룹
쪽이 좀 더(어디까지나 상대적이지만) 데스퍼리트[desperate,
필사적인·극단적인·자포자기적인]한 정신을 가지고 있고 제1그룹
쪽이 좀 더 규범적인 자신감을 가지고 있다고 할 수 있
습니다. 이에 더해 제1그룹을 제3그룹과 구별하는 것은
무력주의입니다. 이것은 말할 필요가 없는 것이겠죠.

　　다음으로 '소요' 범주는 '내란'보다도 규범적 자신
감을 조금 덜 가지며, 따라서 좀 더 비조직적이고, 제1그
룹과 마찬가지로 폭력주의를 취합니다. 그리고 돌발성
이나 우발성이 강하고 목적의식성이 적습니다. 또 제3그
룹과 비교하면 비목적의식성, 비조직성, 비일상성 등에
의해 구별됩니다.

　　끝으로 '운동'을 특징짓는 것에 대해 말하자면, 그
것은 목표의 중층성과 관련성입니다. 실질적 목표로부
터 이상적 목표에 이르기까지의 겹쳐진 목표를 갖고, 그
것들 간의 관련성이 때로 논리적으로 때로 경험적으로
파악되고 있다는 점입니다. '규범'이라는 저의 애용어를
사용하자면 '내란'과 비교해서 규범은 하나의 규범이 아

니라 규범이 체계화된 경향을 갖습니다. 곧 세계 구축적 構築的이고 따라서 그만큼 독자적인 일상성을 갖는 것입니다. (이후의 시대를 선취하는 것이 되겠습니다만, '일상투쟁'이라는, 볼셰비즘에 의해 비로소 채용된 용어는 이를 전형적으로 이야기해주고 있다고 생각합니다. 거기에서 비로소 법의식이 내면화되는 것이고 규약이 언동의 원칙으로서 의식되는 사태도 성립하게 되는 것입니다.) 그러한 의미에서의 규범체계성은 제2그룹이 가장 약합니다. '소요' 사례에서 누차 볼 수 있는 '좌우 동거同居' ─ 오이 겐타로[6]가 대륙낭인[7]과 함께 있다거나, 사카이 도시히코가 로소카이老莊會[8]에 있다거나 하는 일이 보여주는 것은 '소요'적 운동이 독자적인 일상적 세계를 구축하고 있지 않은 좋은 예라고 할 수 있겠습니다.

이러한 유형들을 사용하여 유신에서 메이지 말기에 이르는 '이단'의 등장 과정을 다시 파악해보려고 할 때, 우선 '내란'은 유신의 진로라는 것을 문제시합니다. 유신

• 　**6**　오이 겐타로(大井憲太郎, 1843~1922), 정치가, 변호사, 자유민권 운동과 제휴했던 사회운동가.

　7　메이지 초기부터 제2차 세계대전 종전까지 중국, 유라시아, 조선, 만주 등을 중심으로 정치적·경제적으로 활동했던 민간 일본인의 총칭.

　8　1918년(다이쇼 7년)에 창립된 모임으로, 미쓰카와 가메타로(滿川龜太郎)의 중개로 좌우 사상가가 월 1회 모여 정세를 토론했다. 사카이 도시히코 등을 비롯한 좌익과 오카와 슈메이(大川周明), 기타 잇키(北一輝) 등 우익이 함께했다.

의 진로를 이쪽으로 바꿀 수 있다, 바꾸지 않으면 안 된다, 하고 말하는 혁명 과정으로 등장하는 것입니다. 이는 형성되고 있는 어떤 국가 진로의 움직임에 영향을 미치는 형태로 드러나는 '운동'과 차이가 납니다. 그러한 '내란'형 '이단'은 어떤 혁명에서도 그 내부에서 등장하는 것입니다. 문화혁명에서 마오쩌둥파毛派 대 류사오치파劉派의 대립 같은 것도 그런 예 중 하나입니다. 다만 혁명으로서의 유신의 '무계획성'이라는 사정이 작용하여 '내란'형 이단의 등장 또한 '혁명'의 코스를 전진시키는 방향을 '운동'과 공유하면서, '노선'의 선명한 대립이 현재화하는 식이 아니라 '반동'과 '반란'의 경계가 애매한 성격의 '내란'을 특징으로 갖게 됩니다. 그런 의미에서 패배했던 당초부터 분명한 것이었지만, 그리고 또한 신푸렌과 같이 '내란'과 '소요'가 분화되지 않은 경우도 있었지만, 거기서도 예컨대 세이난 전쟁의 사이고 다카모리 쪽 병사들이 말하는 '항복은 했어도 귀순은 하지 않는다'가 보여주려는 정신, 즉 자신들의 패배가 군사적인 것이 아니라 정치적인 것이라고 승인하는 것과 그렇게 패배했음에도 '권리의 자각'이 이뤄지는 것이 명확한 차원적 구별을 가진 채로 공존하고 있는 태도가 성립할 수 있었습니다. 그런 의미에서의 '내란'은 세이난 전쟁을 최후로 해서 그 모습을 감춥니다.

또 '운동'이라고 했을 때 그것은 후쿠자와[9]의 게이오기주쿠慶應義塾나 메이로쿠샤明六社를 기초로 했던 운동, 명확한 '계몽'의 이념을 내걸었던 사상운동이 최초의 사례로서, 유신이 다소나마 '혁명'으로서의 이념성을 후천적으로나마 획득할 수 있었다면 그것은 이 후쿠자와의 '운동'에 결정적으로 빚지고 있다고 해도 과언이 아닙니다. 그러나 관료기구 측의 국가 형성과 직접적으로 대립하고 그 진로를 다투는 '운동'은 국회개설운동 및 그것을 포함한 넓은 의미의 자유민권운동이었습니다. 확실히 그런 자유민권운동 자체가 가졌던, 이제까지 여러 가지로 운위되었던 문제적 경향성, 곧 후쿠자와의 「사권론私權論」이 말하는 '정권政權' 지향의 경향성은 부정할 수 없으며 그것이 규범의 중층적 구조의 내면화를 방해했다는 것도 큰 문제라고 하지 않으면 안 됩니다. 그럼에도 '운동'의 경험이라는 것은 결정적으로 각인되어 '내란'이나 '소요'와는 다른 자의식을 성립시키고 있습니다. 예컨대 자유민권운동의 패배 이후, 이런저런 비판을 많이 받은 메이지 20년대의 우에키 에모리[10]가 쓴 문장 속에 주

---

9 후쿠자와 유키치(福澤諭吉, 1835~1901), 근대 계몽사상가, 교육가, 저술가.
10 우에키 에모리(植木枝盛, 1857~1892), 사상가, 정치가, 자유민권운동의 이론적 지도자.

목해야 할 것이 있습니다.

> 목이 쉬도록 국가, 국가라고 외치지 않아도 조금이
> 라도 국가의 결합이 부족하다고 고하는 일이 있었던 때
> 는 없다. 혀가 헐도록 국민, 국민이라고 탄식하지 않아
> 도 국민적이라는 관념은 몇 번씩이나 자연스레 구비하
> 게 된다. 일본에서는 민권, 민권이라고 외칠 필요가 없
> 다. 자유, 자유라고 부르는 것이 급하지 않다. 이 자유의
> 목소리를 바꿔 국민의 목소리로, 이 민권의 목소리를 바
> 꿔 국가의 목소리로 하려는 것은 실로 일본을 그르치는
> 일이 될 것이다.
>
> 「국가 및 국민적이라는 문자」, 『지유신문自由新聞』
> 메이지 23년 11월 13일

이 논설에서 우에키는 직접적으로는 독일의 '국민
자유주의'의 단순한 모방에 따른 '일본주의'적 주장의 등
장을 비판하고, 독일의 '국민', '국가'의 주장이 어떻게
아직 존재하지 않는 것의 형성에 대한 의욕에 의해 지탱
되고 있었는가를 강조하며, 거꾸로 일본의 그것이 어떻
게 '국가', '국민'이라는 존재의 자명함에 의존하고 있었
는가를 폭로하고 있습니다. 그러나 여기 이 「보고」와 관
련해 중요한 것은 우에키 에모리가 '민권'과 '자유'의 주

창자들을 향해 비로소 자기 주장의 근거라는 것을 전통
적으로 자명하게 여겨진 풍속과 습속의 시스템에 대한
자각적 대항 속에서 보편적인 가치로 명확히 논증하고
설득하지 않으면 안 되었다는 점입니다. 거기에는 일본
사회에서의 '이단 사설邪說'이 주장의 내용 이전에 주장
의 태도 그 자체로 지탄의 대상이 되고 있는 사정이 훌
륭하게 포착되어 있다고 하겠습니다. (앞질러 가도 좋다면,
일본적 '정통'은 그러한 '이단 사설'에 대항할 때에만 필요한 한
도에서 자기의 존재 이유를 제시합니다. 바꿔 말하자면 적과 자
신의 판별 기준을 포지티브하게 혼자만의 힘으로는 견뎌내지 못
합니다. 따라서 '이단 사설'에 대한 공격은 스스로의 '정통'의 논
증보다도 '이단 사설'의 실질적 소멸을 목적으로 하는 것이 되므
로, '집요'한 적에게는 '폭력'이, '귀순'한 적에게는 '온정'이 '가감'
되는 형식으로 실행됩니다.)

　　두 번째 범주인 '소요'는 위와 같은 '내란'의 종언과
'운동'의 패배 쌍방으로부터 발생한다고 생각합니다. 그
것은 앞 장의 표현을 사용하자면 천황제의 '주술제의적
통합'에 대응하는 '주술이단의 백귀야행'적 상황, 말하자
면 '세속화'인 것입니다. 고대국가 속에서 나오는 '백귀
야행'에 대응하는 것으로서 '소요'가 규범과의 관련을 잃
고 '이단감각'으로 혼자 걸어 나와 등장합니다. 그 경우
이단이 감각 레벨에 머무는 한, 논리적으로는 무한수無限

數가 있습니다. 소요라는 것은 무한의 형태를 취합니다.
따라서 어디서 누가 어떻게 할지를 모르기 때문에 대응
하는 측에서도 그것을 배제하기 위해서는, 예컨대 메이
지 20년의 보안조례와 같이 '황궁 바깥 20리'를 공간적
으로 격리하는 방식을 취합니다.

그런 식으로 메이지 말기까지의 경과를 본다면 문
제는 그 메이지 말기를 어떻게 포착할 것인가 하는 물음
이 됩니다. 그 경우 두 개의 국면이 있는데, 하나는 체제
측의 '정통' 형성의 문제이고 다른 하나는 '이단' 성립의
문제입니다. 앞의 것은 이시다 씨의 분담 영역으로 되어
있지만 메이지 말기 '국체론'의 해석이라는 것이 또한
이유를 알 수 없는 것이죠. '가족국가론'과 한 세트가 되
어 나오는 '국민도덕론' 또한 애초에 '국민윤리'인가 '국
민도덕'인가, 윤리인가 행동강령인가, 그 구별 또한 없는
것이죠. 따라서 개인의 내면에 호소하는 힘을 결여하고
있었다고 말하지 않을 수 없습니다. 거꾸로 말하면 '삼
교회동'[11]과 같이 통합하려고 하는 의욕에서는 역시 '정
통'의 특징을 가지고, 폴리티컬한 배려, 통치자, 곧 사람

• **11** 三敎會同. 러일전쟁 이후, 일본의 내무대신 하라 다카시(原敬)에
   의해 계획된 이데올로기적 국민정신통합 정책. 불교, 신도, 그리스도
   교의 대표자들의 회합을 통해 부국강병을 황운부익(皇運扶翼)의 형
   태·경로 속에서 추진하는 종교력의 통합을 목표로 했다.

들 위에 서서 하나로 통합하려는 인간만이 가진 자상
한 배려가 있다는 점에서는 저 아타나시우스와도 비슷
하다고 할 수 있겠지만, '삼교회동'은 도그마의 정합성
이라는 점에서는 어디까지나 '회동'이어서 도저히 '삼
위일체'라고 할 수는 없습니다. '삼교'의 통일성을 지향
한다고 하더라도 그것은 '트리니티[Trinity, 삼위일체]'가 아니
라, 분명 영어로 좋은 표현이 있을 것 같은데, 트라이앵
글에 있는 세 개의 것이 그대로 집합되었을 뿐인 상태,
거꾸로 기계적인 것이 되는 그런 상태였습니다. 이는 좀
더 기술해보지 않으면 포착하기 어렵겠지만, 한편으로
사상 내용은 상당히 융합도덕론적인 것으로, 다른 한편
으로 그것이 드러나면 삼교회동이라는 상당히 메카닉
[mechanic]한 것이 되는 패러독스가 있다고 생각합니다. 그
렇게 내면화 불가능한 것이었으므로 통합이 기계적으로
되지 않을 수 없었다는 것도 말할 수 있겠죠.

동시에 위의 상황은 말하자면 '정신적 나체 상황'이
라고도 불러야 할 것입니다. 한편으로는 이제까지 규범
을 둘러싼 어휘를 제공해온 유교적인 것이 그 잔재조차
사라지고, '군자'라든가 '사군자[士君子]'라든가 하는 것은
이제 작은 호소력마저도 없어집니다. 그것에 겹쳐지듯
생물학적 진화론이 인간관의 중핵을 점하게 됩니다. 그

것은 이전의 가토 히로유키[12]의 진화론과 같이 이데올로기적으로 선물先物 매입하여 사용하려는 것과는 전혀 달리, 극히 보통으로 정말로 실감을 갖고 받아들여지게 됩니다. 체제의 '정통'교학敎學 측으로부터도 인간의 내면성을 가르칠 수 없고 스스로도 인간의 내면성이라는 것을 자각할 방법이 없습니다. 그 지점에서 생물학적 진화론으로 지탱되었던 인간은 동물이다, 하는 실감이 비로소 국민적 규모로 정착합니다. 문학 쪽의 자연주의 또한 그러한 상황에 대응하는 것이었습니다.

국체론적 정통이 인간의 내면 형성, 개인의 내면 형성에 힘을 가질 수 없고 따라서 관료정책이 부상함으로써 그에 근거해 전부가 이단(총總이단)이라는 감각을 가질 수밖에 없는 상황이 한쪽에 있어, 다른 쪽 이단감각 측에서도 '소요', '내란', '운동' 모두가 실행 불가능한 상황이 됩니다. 그렇게 시대 일반으로서는 두둥실 정신의 중심을 잃게 됨으로써, **무엇을** 해야 할 것인가라는 물음이 사라지고 오직 **어떻게** 해야 할 것인가의 시대가 됩니다. 이는 지금[1960년대 중반]과도 비슷하다고 생각하는데, 하우투[how-to, 실용적 방법·기술 중심]의 시대죠. 그러한 정신적 나체 상황에서 그에 대응해 사상을 형성하는 것은 애초

• **12** 가토 히로유키(加藤弘之, 1836~1916), 정치학자, 관료, 교육가.

의 출발점으로서 '이단'의 자각을 갖고 생겨나는 것이
지 않으면 안 되었습니다. 따라서 기타 잇키[13]조차도 이
단의 자각을 갖고 생겨나 대일본제국헌법에 대해 의문
을 던지는 형태로 등장하고 사회주의에 약간의 친근성
을 느껴보게 됩니다. 그것은 결코 특이한 사상가의 사
례가 아니라 시대의 문제인 것입니다. 기타 잇키만이
아니라 바로 그러한 상황에서 우치무라 간조[14]와 같은,
또 나가이 가후[15]와 같은, 그리고 오스기 사카에[16]와 같
은 여러 이단의 유형이 나옵니다. 이「보고」의 서두에 근
대 일본에서의 '이단'의 성립을 메이지 말기에서 살펴보
고 싶다고 말했던 것은 바로 그와 같은 상황을 염두에
두고 했던 것입니다.

이전에 저는「다이쇼 데모크라시 정신의 한 측면―
근대 일본사상사에서의 보편자의 형성과 그 붕괴」(『강좌
현대윤리―전환기의 윤리사상(일본)』([1959], 저작집 4권「유신
의 정신」에 수록)에서 우치무라로부터 아리시마, 무샤노코

• **13** 기타 잇키(北一輝, 1883~1937), 사상가, 사회운동가, 국가사회주
의자.
14 우치무라 간조(内村鑑三, 1861~1930), 기독교 사상가, 무교회주
의의 원천.
15 나가이 가후(永井荷風, 1879~1959), 소설가, 에세이스트. 자연주
의에 대항하는 탐미주의 소설과 화류소설을 썼다.
16 오스기 사카에(大杉榮, 1885~1923), 사상가, 작가, 노동·사회운동
가, 저널리스트, 사회주의자, 아나키스트.

지, 더하여 야마무로 군페이[17]라고 하는 보편자의 붕괴 과정에 대해 썼던 일이 있습니다만, 이번 공동 연구에서는 우치무라와 가후, 오스기 간의 비교론 속에서 그 시대를 생각해보려는 것입니다. 그래서 그 시기 '이단'의 유형을, 앞서 말했던 '내란', '소요', '운동'과의 관련 아래에서 그것들의 테오디체[18]라고 할까, 그 변증론이라는 형태로 살펴보고 싶습니다. 다만 거기서는 이제 '내란'이라는 것이 없어지는바, 그 대신 '은둔'이라는 범주를 넣어 보면 가후는 '은둔'의 변증론, 우치무라는 '운동'의 변증론, 오스기는 '소요'의 변증론이겠죠. 예외적으로 우치무라의 경우엔 '운동'의 계기와 동시에 사상의 추상적 차원에까지 대단히 승화된 형태의 '내란'의 계기 또한 있었다고 생각합니다. 메이지 말기 우치무라의 시대인식은 예컨대 '주의[-ism]로 부패하기 쉬운 사회'라는 그의 한 구절

• **17** 야마무로 군페이(山室軍平, 1872~1940), 종교가, 설교자, 일본 최초의 구세군 사관이며 '오카야마 4성인' 중 한 사람이다.

18 Theodizee. 테오스(신)와 디케(정의)를 합친 라이프니츠의 프랑스어 조어(Theodicee). 신은 왜 악을 허락하는가 하는 물음과 관련해 악을 신의 섭리와 통치를 위한 계기로 파악하는, 신에 대한 변론(辯神論)을 뜻한다. 신정론(神正論) 혹은 신의론(神義論)으로도 불리며, 신의 선(善), 신의 정의, 신의 '정당성'에 관계된다. 라이프니츠『변신론』(1710, 원제는 '신의 정의에 관한 시론')의 한 장은 「신의 정의와 그의 다른 모든 완전성 및 행동과의 조화를 통해 제시된 신의 행동 근거」이다. 「욥기」는 신정론의 주요 대상 중 하나.

이 잘 보여주고 있습니다.

사물(物의 부패하기 쉬움은 일본의 국토를 두고 하
는 말이라. (…) 그것은 질소 물질과 같다. 주의主義 또한
그러하다. 일본국에서는 어떤 신성한 주의라 할지라도
누구도 3년 넘게 그 신령을 유지하는 능력은 없다. 자유
주의의 부패야 벌써 오래되었다. 진보주의의 부패, 평민
주의의 부패, 국가주의의 부패, 제국주의의 부패, 이제는
독립주의도 노동주의도 동일한 부패의 징후를 보이기
에 이르고 있다. 이는 꼭 그것을 창도하는 자의 부패 때
문에 그런 것이 아니라 사회 전체에 이미 부패의 기운이
가득하기 때문에 그런 것으로, 어떤 고귀한 주의와 함께
일본 사회에 던져져 누구라도 한 번 그런 부패를 면했다
는 자가 없기에 이른 것이다.

이러한 일본 사회에 대한 거부는 그 위에 "일본국의
희망은 상류사회에도 없으며 하류사회에도 없다. 사회
라는 사회, 단체라는 단체, 종교라는 종교, 교회라는 교
회는 하나같이 희망을 깃들게 하지 않는다"(『우치무라 간
조 전집』 제14권, 46쪽)라는 문장에서처럼 '절망'과도 결합
되어 그만큼 철저성을 띱니다. 우치무라의 '거부'는 '세
계' 그 자체로까지 향합니다.

20세기 오늘의 세계는 역시 암흑의 세계입니다. (⋯) 기독교국의 병사가 지나支那[중국]에 들어가 강간·약탈을 자행해도 본국에서의 여론이 발흥하여 그것을 비난하는 일을 들을 수 없는 세계입니다. (⋯) 순수한 기독교국이라는 것 따위는 이 넓은 세계에서 한 번도 눈에 띤 적이 없습니다. 부패한 나라가 일본국뿐이라고 생각하는 것은 큰 문제인 것입니다. (같은 책, 178쪽)

이렇게 우치무라는 난아南阿전쟁[19]에서의 영국의 '복수' 윤리나, 베세美西전쟁[20]에서 미국이 보인 '자기 이익'의 노골적 관철을 통렬히 비판하면서 일본만이 아니라 전 세계를 상대로 하나의 세계제국을 정신 속에서 만들어내려고 시도했습니다. 그 '독립주의'는 모든 것으로부터의 '자립'을 설득하는 오만한 자력주의가 아니라 오직 하나인 신만을 따르기 위해 다른 일체의 '이 세상' 것으로부터 독립하려는 시도입니다. 따라서 이 세상의 자기로부터도 독립하려 합니다. '나는 살아 있지 않다, 그리스도가 내게 있어 살아 있다.' 신에 대한 철저한 순종

• **19** 보어전쟁, 곧 남아프리카전쟁은 1899~1902년에 남아프리카공화국의 다이아몬드를 둘러싼 네덜란드와 영국 간의 전쟁이다.
20 미서전쟁, 곧 아메리카·에스파냐전쟁은 1898년 에스파냐령 쿠바의 독립 전쟁에 개입한 미국과 에스파냐 사이의 전쟁이다.

이 거꾸로 무엇보다 래디컬한 독립을 그 결과로 가져옵니다. 이렇게 우치무라는 '세계 일반' 속에 이미 존재하지 않는다고 했던 '보편자'를 '단독자'의 자각이라는 과정을 통해, 말하자면 역사적 시간을 무시하고 예수와 유착함으로써 형성하려고 했던 것입니다. 이 점에서 우치무라와 키르케고르[21]는 비슷하다고 생각합니다.

사회 범주를 무시하고 개인과 절대자가 유착하는 것은 퓨리턴[22]의 특징으로 이단의 전형적인 한 가지 유형이라고 생각합니다만 그러한 종적인 관계만이 아니라, 근대라는 것은 세속화되어온 것이고, 그렇게 근대라는 것이 세속화되어왔다면 아무래도 마르크스주의같이 전부 횡으로 쓰러지는 세계가 되어 절대 평화는 역사의 미래에 놓이는 식이 됩니다. 그때 그것은 매우 역사적인 사회인 것이죠. 그런 뜻에선 마이네케[23]가 역사주의의 탄생을 두고 정신상의 일대 혁명이었다고 말한 것은 매우 타당한 측면을 찌르는 것이라고 생각하지만, 거꾸로

• **21** 쇠렌 키르케고르(Søren A. Kierkegaard, 1813~1855), 19세기 덴마크의 철학자, 신학자, 실존주의의 선구자.

22 Puritan, 청교도(淸教徒). 16~17세기 영국, 미국 뉴잉글랜드에서 칼뱅주의적 종교개혁 모델을 이어받은 일련의 개혁적 프로테스탄트를 말한다.

23 프리드리히 마이네케(Friedrich Meinecke, 1862~1954), 독일의 역사가, 독일 정치사학의 대표자.

그런 역사주의의 시대에 나타난 이단은 사회 규범을 무
시하고 절대자와 유착한다는, 중세의 고정 사회의 퓨어
릿슈한[순수·순정한] 사회에서의 이단과 동일한 것이라는 사
고법이 이번에는 역사적 시간을 무시하는 형태가 되어
등장합니다. 우치무라는 그 전형이라고 생각합니다. 그
런 뜻에서 그는 키르케고르 등에 대응하면서도, 매우 흥
미로운 일본 근대사회의 복합적 문제들을 20세기의 카
를 바르트[24]적인 문제와도 대응시키려는 형태로 양방향
을 아울러 가지고 있는 것 같습니다.

　　나가이 가후의 '은둔'을 자연주의자의 은둔성이나
'요조항四疊半[다다미 4장 반(2.25평)짜리 작은 방]'적인 은둔성과 구별
하고 있는 것은, 물론 생활형태 자체도 다르겠지만 실은
그것 이상으로 위와 같은 사고법에 대응하는 면이 있기
때문입니다. 곧, 마치 메이지 이후의 세계가 없었던 것
처럼 에도 시대의 세계에 몰입하는 형태, 이것은 세속적
인 형태입니다만 역시 프루스트 식의 『잃어버린 시간을
찾아서』 같은 현대적인 것과 바르트적인 것 양쪽이 있
고, 그래서 현실의 세계와 전체적으로 대립합니다. 『히

• **24** 카를 바르트(Karl Barth, 1886~1968), 스위스의 신학자. 고백교회
　　를 중심으로 한 독일 교회투쟁의 이론적 지도자. 미완의 대저 『교회교
　　의학』의 지지.

요리게타日和下駄』[25]라는 가후의 작품을 보면 그것은 일본의 문학자, 특히 문단의 속물에 대한 통렬한 비판입니다. 가와카미 데쓰타로[26] 등이 그 전형이겠는데, 스스로는 '이단이다'라고 말하면서 으스대는 것이야말로 터무니없는 최대의 속물이라고 말하는 듯한, 일본 사회에서의 감각적 레벨의 '정통'에 대한 대단한 비판이 있습니다. 그런 의미에서는 가후와 우치무라가 비슷하다고 생각합니다.

다음으로 하나 더, 오스기의 '소요'의 변증론이 있습니다. 저는 그다지 좋아하지 않지만 말이죠…….

그러한 전형을 파악하여 메이지 말기로부터의 이단의 성립을 생각합니다. '이단'의 성립에 의해 정신은 성립합니다. 동시에 그 '타락' 형태도 성립합니다. 우치무라적인 '독립'도 가후적 '은둔'도 사회화하지 않기 때문에, 한쪽으로는 '인격 수양주의'가 다른 한쪽으로는 '교양주의'가 나옵니다. '교양주의'라는 것은 '은둔'의 인텔리적인 타락 형태이며, 그것에 대응하여 '수양주의'라는 것은 현세적 도덕으로의 매몰 상태로서 이는 타락의 대

- **25** '맑은 날 신는 나막신'이라는 뜻. 가후가 에도의 자취를 찾아 산책한 것을 주요 내용으로 하여 1915년에 출간한 수필집.
  26 가와카미 데쓰타로(河上徹太郎, 1902~1980), 문예평론가, 음악평론가.

중적 형태입니다. 인텔리가 은거했다면 교양주의가 된
다면 좋고, 대중이 정신적 안정을 원하려고 했다면 수양
주의가 됩니다. 다이쇼 시대는 그러한 교양주의와 수양
주의, 그리고 '소요', 그 셋으로 나뉘어 가는 것이죠. 그
리고 그 각각이 역시 정신의 타락 형태여서 결국 가후적
인 것, 우치무라적인 것은 최후까지 계속 고립되지 않을
수 없었습니다. 야나이하라 다다오[27] 선생에 이르기까지
의 우치무라가 그렇고, 전후에 이르기까지의 가후가 줄
곧 그랬습니다. 그러한 운명을 애초부터 가지고 있었다
고 말할 수 있지만 그것이 계승되지 않고 타락하여 '수
양', '교양', 그리고 '소요'로 나뉘지고 말았습니다. '소요'
라는 것은 오히려 '본능주의', '충동'이라고 말하는 쪽이
좋겠죠.

　　이 '수양', '교양', '충동'이라는 세 개의 타락 형태로
분해된 이후 나왔던 것은 무엇인가. 저는 그런 '백귀야
행'적으로 분해되는 상황에 응하여 최후에 나왔던 것이
역시 『일본 자본주의발달사 강좌』였다고 생각합니다. 이
에 비로소 '충동'은 맹목적 충동이길 멈추고 '진리'로 견
인되지 않으면 안 되었습니다. 진리에 의해 인도되고 그

　•　**27**　야나이하라 다다오(矢内原忠雄, 1893~1961), 동경대 총장, 무교
　　회주의자, 식민정책학자, 경제학자.

런 연후에 진리는 '정열'에 의해 뒷받침된다는 헤겔적 변증법의 논리가 여기서 처음으로 활용되고, 위와 같은 세 개의 레벨로 뿔뿔이 분해되고 있던 것이 비로소 통합됩니다. 거기서 삼위일체의 도그마가 성립하고 그것이 그때까지의 여러 이단 사상을 통합함으로써, 우치무라 적인 측면도 가후적인 측면도 그런 통합 속에 자리매김 됩니다. 체계화한, 그런 의미에서 정신의 세계라는 것을 형성하는 사상상의 '정통'론이 비로소 등장합니다. 그 형성의 과정이 다이쇼 11~12년(1922~1923)부터 아나·볼[아나키즘·볼셰비즘] 논쟁을 거쳐, 그 위에 후쿠모토[28]주의와 같은 극단의 '이론주의'가 있었고, 그리하여 『일본 자본주의발달사 강좌』에 이릅니다. 거기에는 그것 없이는 나올 수 없을 내재적이고 유기적 연관이라는 것이 있었으므로 그렇게 『강좌』까지 도달할 수 있었다고 생각합니다.

그에 비하면 '노농파', 예컨대 야마카와 히토시 같은 '치도治道의 우위'는 그 정치적 리얼리즘에서는 훌륭하지만, 역시 거기서는 정신적 체계의 통합, 삼위일체의 형성은 나올 수 없었습니다. 일본 사회를 전체적 차원에서 문제시하는 태도―그것은 도사카 준[29]의, 저작명은

• **28** 후쿠모토 가즈오(福本和夫, 1894~1983), 경제학자, 과학기술사가. 전전 일본공산당 간부이자 이론적 지도자였다.
  29 도사카 준(戶坂潤, 1900~1945), 유물론 철학자, 교토학파 좌파.

아니지만 『세계의 일환으로서의 일본』이라든가, 고자이
요시시게[30]의 『현대철학』 등에까지 이어진 것으로, 이는
『강좌』를 통해 성립했다고 하지 않을 수 없습니다. 하지
만 그 강좌파가 노농파와의 논쟁 과정에서 급속히 변질
되어갑니다. '논쟁' 과정을 일일이 뒤쫓을 것까지 없이
문자가 저 홀로 걷기 시작하여 야마다 모리타로[31]의 말
이 그야말로 '백귀야행'하기 시작합니다. 그리고 '정통'
이 산산이 쪼개져갑니다.

'강좌파' 마르크스주의의 경우, 일찍이 가톨릭교회
가 끊임없이 직면했고 극복해왔던 과제를 쇼와[昭和] 7년
(1932)이 되자마자 곧바로 잃어버리게 되는 것은 어째서
인가. 그 점은 가라키 준조[32]씨가 일찍이 『현대사의 시
도』 속에서 잘 서술하고 있지만, 거기에는 꼭 당사자의
책임 문제만이 아니라 복잡한 사정이 개재되어 있습니
다. 고바야시 다키지[33]가 말하는 '진지한 노력'에는 역시
'성급함'이 부정될 수 없습니다. 그것은 별수 없는 것인

• **30** 고자이 요시시게(古在由重, 1901~1990), 철학자, 도사카 준과 '유
물론연구회'를 함께했으며, 치안유지법 위반으로 검거되었고, 출옥
이후 가톨릭 문헌을 번역했다.
31 야마다 모리타로(山田盛太郎, 1897~1980), 쇼와 시기의 마르크스
주의 경제학자.
32 가라키 준조(唐木順三, 1904~1980), 평론가, 철학자.
33 고바야시 다키지(小林多喜二, 1903~1933), 소설가, 일본 프롤레
타리아문학의 대표적 작가.

데 화급히 '폼[forme, 형식·구조]'을 만들지 않으면 안 되었기 때문입니다. 그 '폼'도 구멍투성이였고 또 그것이 정치적 다툼 속에서 끊임없이 드러나고 있었기 때문에, 분업의 체계라도 상당히 잘 구축되어 있었다면 모를 일이지만 그 폼은 도저히 지킬 수가 없었습니다. 게다가 정통 자체가 정묘한 삼위일체 체계에 대한 자각을 결여해가는 것이 되면 정통·이단 논쟁은 반드시 트리비얼라이제이션[trivialization, 쇄말화]한다는 것, 그것이 또 하나의 일반법칙이라고 하더라도 그때 그 쇄말화는 더욱 과잉된 것으로 드러나게 됩니다. 왜냐하면 도그마에 의해 감각의 레벨이 컨트롤되지 않기 때문인데, 거기에는 '이단'이 이단감각으로부터 직접 나온다는 일본 사회의 특징이 개재되어 있습니다. 따라서 일본 사회 속에 『일본 자본주의발달사 강좌』라는 삼위일체의 이론이 정착하자마자 즉각 도그마와 감각 간의 콘플릭트[conflict, 충돌·대립·모순]나 내면에 있어서의 그 두 차원의 충돌, 곧 내적 충돌이라는 것이 상실되고 감각적 차원으로 해소되기 쉬운 경향이 애초부터 있었던 지점에서, 본래 그것이 정치적 이데올로기라는 것, 그리고 미증유의 정치적 시대에 박해의 체계 그 자체란 정신에 대한 국가권력의 박해만이 아니라 정치적 이데올로기를 대상으로 한 정치적 종교에 의한 박해를 뜻하기에 '강좌파'적 삼위일체에도 이중·삼중으로 사중으로 쇄말화가 나타나게 됩니다. 이리하여 정통·이단 논쟁에서 쇄말화의 경향성이 매우 이른 시기에 비대해지고 조발성^{早發性} 쇄말화라는 경향을 가질 수밖에 없었습니다. 그것이 전전^{戰前}의 강좌파 마르크스주의가 빠져 있던 상황이었습니다.

그런데 '패전'은 그런 점에서도 결정적인 전회를 가져왔습니다. 곧 패전이라는 정치적 패배에 의해 체제 전체가 정리되고 일소된 것이기 때문에, 원래 정치적 상황 아래서의 정치적 이데올로기 다툼인 까닭으로 쇄말화했던 것이 일시에 전부 정리돼버리고 말았습니다. 그래서 패전 직후의 출발점은 『일본 자본주의발달사 강좌』의 단계로부터 재출발하는 것이 됩니다. 저의 개인사입니다만, 저도 또한 전후에는 야마다 모리타로를 정독하면서 시작했던 것입니다.[『강좌』를 편찬했던 야마다의 대표작은 『일본 자본주의 분석』(1934)] 그러나 '전후'는 역시 그것만은 아니었습니다. 그때에는 한쪽으로는 야마다 모리타로를, 다른 쪽으로는 이시모다 쇼의 『중세적 세계의 형성』[1946]을, 그리고 마루야마 마사오의 「군국지배자의 정신 형태」[1949]를 동시에 정독했습니다. 따라서 어떤 의미로는 전쟁 중에 삼위일체를 잘 반죽하고 있었던 『일본 자본주의발달사 강좌』의 레벨보다도 한층 더 그것을 확실히 들어 올림으로써 부족한 것을 보충한 것이 전후의 출발점을 형성했고, 쇼와 10년대의 백귀야행적으로 산산조각 난 상태는 정신의 세계로부터는 완전히 정리되어 일소되고 말았던 것입니다. 이는 매우 재미있는 현상이었던 것이죠.

게다가 현실에 농지개혁이라는 사건이 있어서 강좌파 이론의 '정통'성이 눈앞에서 전개되고 있었으므로, 이번에는 '충동', '수양', '교양'이 통합될 뿐만 아니라 그것에 '행동'이 더해집니다. '실천'이 더해집니다. '이론과 실천의 통일' 정도가 아니라 '사상과 실천의 통일'이라는 것이 전후의 어떤 시기에 매우 박력 있게 등장할 수 있었습니다. 그것은 자기를 재형성하려는 국민적 자기비판의 과정에서 생생하게 기능했습니다. 그것이 오늘 아직까지도 일본국 헌법을 지탱하고 있는 힘이 아닐까, 남몰래 생각하고 있는 것입니다. 그러나 그런 시대가 있었다고 하더라도, 역시 그것 또한 정치적 이데올로기이기 때문에 한쪽으로는 쇼와 10년대의 내분의 심리학이 그 상태 그대로 당黨 속에서 줄곧 유지되고, 그걸 정치적으로도 정신적으로도 극복하지 못했기 때문에 '사상과 실천의 통일'의 시기가 지나자마자 그 잔재가 두둥실 떠서 나오게 되는 것입니다. 이 경우, 그런 잔재에 대해 전후 정신의 재형성을 충분히 몸에 익히고 있던 자는 그것에 딱 들어맞게 대결할 수 있겠지만, 그렇게 몸에 익히는 일을 적당히 해왔던 자, 곧 '외골수[무조건적] 실천'이나 '외

골수 이론'으로 휙 날아가버리는 자는 제대로 대결하지
않습니다. 그리고 거기에는 쇼와 10년대의 쇄말화가 가
져온 여러 심리적 갈등이나 일그러짐이나 충실함 등 여
러 가지가 들어가 있습니다. 요컨대 한마디로 말하자면,
'쇄말주의'입니다. 이 쇄말주의 속에 모조리 빠져들고 마
는 것입니다. 전후 정신의 재형성기라는 것을, 국민적 자
기비판의 시기라는 것을 통과했던 사람도 '무조건적 실
천'으로 통과해왔던 사람은 그가 비록 젊더라도 쇄말주
의에 대한 저항성이 없습니다. 때문에 스스로 쇄말화 속
으로 뛰어들고 맙니다. 그리고 '외골수 이론'으로 통과해
왔던 사람은 완전히 정나미가 떨어져 전향합니다. 그는
어디까지나 '디 엔드 오브 이데올로기'라고 거침없이 말
할 것입니다. 그런 식의 양극성을 가지고 있습니다. 이는
'디 엔드 오브 이데올로기'가 아니라 '디 엔드 오브 오소
독시[orthodoxy, 정통]'가 아닐까 생각합니다. 따라서 현대라
는 것은 정신적·사상적 정통의 붕괴 시기가 됩니다. 혁
신도지사가 탄생하여 어쩌면 정치적 정통이 있을 수 있
게 될지도 모릅니다. 거기에 전망은 보이지 않지만 현대
의 '정신' 쪽에 비한다면 전망은 아직 조금은 더 있습니
다. 그러나 역시 일본적·전통적인 '치도治道의 우위'를 극
복하고 사상적 정통 아래 정치적 정통을 컨트롤할 수 있
을지 어떨지는, 지금 '이단'이 되고 있는 사람들이 분발

하고 열심히 학업에 힘써 젊어지지 않으면 안 되는 것
이겠지만 그때엔 이미 인간의 생리적 에네르기[Energie]가
고갈되어 있다는 비극이 언제나 매번 반복될 것이라는,
그런 생각을 해보게 되는 것입니다.

　　마치 눈앞에 사람이 없는 것처럼 말했는데, 대단히
조잡하여 드릴 말씀이 없습니다. 이것으로 보고를 마치
겠습니다.

2. 토론(마루야마 마사오, 이시다 다케시, 후지타 쇼조)

'정통과 이단'의 관점

마루야마 대체적인 아우트라인은 잘 알겠네. 비로소 알 겠어.

편집부 처음에 예정되어 있던 후지타 씨의 '이단 속에서 의 정통과 이단' 문제는 좀 전에 나왔던 쇼와 10년대의 문제에 해당되는 것입니까?

후지타 네, 물론 그런 것이지만 그에 대해선 제2장 이교 의 이단화 부분에서 약간 다룰 생각입니다, 대단히 짧 겠지만요. 제가 조금 알고 있다고 말할 수 있는 것은 신 란뿐이지만, 정토교 부분에서는 이의사異義史에 대한 연 구도 조금은 했고, 시시하다고 말해지는 것이었지만 존카쿠[34)]의 『파사현정초破邪顯正抄』도 읽어보았으며, 그 외에 도겐이라든가 기리시탄 또한 읽어보았습니다. 기리시탄에는 실제 정통·이단은 나오지 않더군요. 어쩌면 그것은 '배교背教'의 문제일 겁니다. 그 배교의 문제가 없다면 실제로는 안 되는 것이겠지만.

편집부 역시 그 문제는 공산당 부분에서 다뤄집니까?

후지타 네, 그렇습니다. 배교의 문제는 우치무라에게서 나옵니다. 그런데 좀 전에 말했던 것처럼 일본에서의 정통·이단은 누차 감각 레벨에서 꿈틀거리고 있기 때문에 정치적 구조나 현세의 사회적 구조로부터 구별되지가 않습니다. 그것과 구별된 사상상의 문제가 되는 것은 일본에선 배교의 문제 쪽이 강하다는 특징을 띤다고 생각합니다. 오사나이 가오루[35)]가 '배교자'이고, 아리시마 다케오[36)]가 그렇고, 그리고 동일한 종교 내부에서 본래라면 정통·이단의 다툼에 더해도 좋을 다나카 고타로[37)]와 우치무라의 문제도 역시 배교·개종의식이죠. 그에 더해 전향이 또한 배교일 테지요. 따라서 사상 문제로서 자각된

- **34** 존카쿠(存覺, 1290~1373), 가마쿠라 시대 후기부터 남북조 시대에 걸친 정토진종의 승려.
  35 오사나이 가오루(小山內薰, 1881~1928), 극작가, 연출가, 비평가.
  36 아리시마 다케오(有島武郎, 1878~1923), 소설가. 기독교 세례를 받았고 『카인의 후예』를 썼다.
  37 다나카 고타로(田中耕太郎, 1890~1974), 법철학자.

형태에서는 배교라는 것이 대단한 우위를 점하고 있습
니다. 좌익의 경우라면, 한 번 배교해서 나갔던 자가 다
시 한 번 들어왔다거나 하는 것, 거기에서 일본적 '정통
병病'이라는 게 나온다고 생각해요. 이것은 실제로는 '정
통병'이지 '정통'이 아닙니다. 정통이 정통병을 어떻게 극
복해내는지가 문제일 텐데, 정통병에 대해 알레르기 반
응을 일으키는 쪽은 '이단 취향'이 되고 맙니다. 역시 정
통으로 정통병을 치료하는 것이 중요하다고 생각합니다.
이론적 카테고리로서 어디에서 거론할지 아직 모르겠습
니다만, 생각해보고 싶은 것은 '세니티[sanity, 온전한 정신]', 즉
'건강'의 문제입니다. 수양修養 문제에도 조금 들어가는
것이지만 정신건강의 문제와 '트루스[truth, 진실·진리]' 문제
는 다릅니다. 삼위일체의 도그마는 그런 정신건강과 진
리의 양립성을 보장하고 있는 것입니다. 진리에 관계함
으로써 정신이 안정되고 건강할 수 있다는 것, 이를 체
스터턴은 근대의 광기에 대비하여 '정통'의 문제로 썼던
것이지만, 그렇게 양립하고 있는 진리와 온전한 정신이
분해되어 무엇이든지 '정신의 안정'을 원하는 상태에 앞
서 다룬 다이쇼 시기의 상황이 있습니다. 그 속에서 우
치무라는 진리에다가 내기를 거는 것으로 대립합니다.
그는 '안정'이라는 말을 사용하지 않습니다. 예컨대 그는
아리시마가 신神[트루스, 진리]을 버렸기에 '안정'을 잃었다고

쓰고 있지만, 그 안정은 '트랭퀼라이저[tranquilizer, 정신안정제]'
적인 '안정'이 아니었습니다. [진리와 온전한 정신을] 양
립시키는 체계라고 말할 수는 있겠지만, 역시 끊임없는
균형 회복의 연속이라고 말하는 쪽이 낫겠습니다. 따라
서 넓은 시야나 느긋한 자세를 때때로 잃어버리게 되는
경우도 나온다고 생각합니다. 저는 정통사상이라는 것
은 본래 그런 양립성과 그것이 분해될 때에 드러나는 다
이너미즘을 통합하는 것으로서 성립한다고 생각하는 것
입니다.

마루야마 전체로서 '정통'이라는 말을 사용할 때는, 지금
후지타 군이 '정통사상이 나타날 것이다'라고 말했듯이
올바른 정통이랄까, 정통이라는 사고방법의 문제가 있
죠. 한편에서 그것에 대해 '정통병'이라고들 말할 때는
'사이비 정통', 병리로서의 정통일 겁니다. 그 '사이비 정
통'은 그리스도교에도 있고 코뮤니즘[communism, 공산주의]에
도 있죠. 따라서 '정통' 일반으로 말하는 경우와, 그것과
는 다른 올바른 의미에서의 '정통'이라는 사고양식의 문
제가 있게 되네요.

후지타 네, 그걸 말하는 겁니다.

마루야마 그렇다면 제일 처음의 문제로 돌아가 '이단은
메이지 말기까지 나오지 않으며 모두가 정통이라 생각
하고 있다'라고 할 경우 그것은 내용적으로는 어떤 '정

통'인가요.

후지타 그러니까 그것이 유신의 특징이므로 무엇이 정통
인지는 나중에야 알게 되는 것이라고 생각합니다. 다만
'일국一國 독립'이라는 것은 모두에게 공통이었습니다. 이
후의 '사민평등四民平等'도, 그다음의 '자유'도 공통이었던
건 결코 아닙니다. 어디까지나 '일국 독립'의 우위라는
것이 있었다고 생각합니다. 따라서 미토가쿠水戸學38)도 들
어갈 수 있었습니다.

마루야마 그 위에서 일반화하여 말하자면, 막번 체제가
붕괴한 이후 새로운 사회를 만들려는 사상에서의 '정통'
이라는 것이 되겠군요.

후지타 그렇습니다, 진정한 의미에서의 '정통'은.

마루야마 아니, 아니. 거기에 '모두가 정통이라고 생각하
는' 경우도 있다면 그리스도교의 정통이라든가 마르크
스주의의 정통이라든가 '정통'이란 여러 차원에서 말할
수 있는 것이겠고, 따라서 단지 '정통'이라고만 말하면

• **38** 에도 시대의 미토 번에서 형성된 정치사상이다. 일본에서 파생한
주자학이며 존왕양이(尊王攘夷)를 내세웠다. '전기 미토가쿠'는 두 번
째 번주 도쿠가와 미쓰쿠니가 주도한『대일본사』편찬 중심의 역사
연구였고, '후기 미토가쿠'는 아홉 번째 번주 나리아키가 설립한 고도
칸(弘道館)을 중심으로 오규 소라이와 고쿠가쿠(國學)의 영향과 신토
(神道)의 재독해 속에서 발달했다. 후기 미토가쿠는 천황의 권위에 기
초한 막부 중심의 정치 개혁을 주장했다.

그런 차원의 차이를 알 수 없게 되고 마는 것이죠.

후지타 그 지점은 제가 고쳐 말한 것입니다. '권리의 자각'을 가지고 있기 때문에 가령 '모두가 정통이었다'라고 생각하는 것이라고.

마루야마 그렇지만 그 이전 단계에서 보면, 막번 체제에는, 불교 쪽에선 사상적인 바이탈리티[vitality, 활력·생명력]를 잃어가고 있었기에 이데올로기적 차원에서는 거의 유교뿐이었습니다. 때문에 유학 자신이 막번 체제와 들러붙어버린 것으로, 이후 체제의 붕괴에 의해, 또 유학 자신이 내용적으로 가지고 있는 한계에 의해 그 내부에 간신히 존재했던 정통·이단 의식 또한 붕괴해버리고 말았습니다. 니시 아마네[39]가 『백일신론百一新論』[1874]에서 말하는 '오소독시[Orthodoxy, 정통]의 가르침'은 따라서 '공맹孔孟의 가르침'과 동일한 것이 되죠. 이것이 '정교일치政敎一致'를 지탱해왔고 그래서 '오소독시의 가르침'은 안 된다, 그것이 붕괴했다······.

후지타 그러한 것이 '정통'인 거네요.

마루야마 거기가 유신의 출발점인 것이죠. 그 경우에는 그리스도교라든가 하물며 이슬람교라든가 마르크스주

• **39** 니시 아마네(西周, 1829~1897), 막신(幕臣), 관료, 계몽사상가, 교육자, 귀족원 의원.

의라든가 그러한 개별적인 사상 원리를 둘러싼 정통과 이단의 문제는 나오지 않았습니다. 이에 대해 말하지 않으면 어떤 '정통'인지를 알 수 없을 겁니다.

후지타 그건 그렇습니다. 다만 그것은 이제까지 쓴 부분에 나온다고 생각합니다. 저는 문화사회의 형성, 재생산, 그리고 유지―재생산 속에서는 단순과 확대 두 가지 있고, 확대는 '전도傳道'해가는 것이기 때문에―그러한 용어로 전부를 포착하려는 각도에서 생각해보고 있습니다. 그러지 않으면 근대의 경우까지를 모두 볼 수는 없겠다는 느낌입니다.

마루야마 그것은 그것대로 좋습니다. 그렇다 해도, 예컨대 우치무라를 논할 때 그가 스스로는 그리스도교의 '정통'이었다고 생각하고 있고 그런데 그런 우치무라가 '올[all(總), 모두가] 이단'의 단계에서 나온다고 하면, 듣는 쪽에선 혼란스럽지 않을까 하는 것이죠. 그 경우 '이단'이라는 것은 좀 전에 말한 규정에서의 '이단'이고 그리스도교 내부의 문제로 말하자면 그는 다름 아닌 '정통'인 거니까.

후지타 그 점은 문장으로는 분명히 쓰겠습니다. 다만 거기에 조금 넣어놓고 싶은 것은, 일본만이 아니라 근대에 있어 오소독시란 무엇인가 하는 것, 즉 분석자 측에서 볼 때 무엇인가 하는 것입니다. 스펜더의 말을 빌리면, 근대에 있어 '디스트럭티브 프린서플[destructive principle, 파괴

적 원리]'에 대항하는 '크리에이티브[creative, 창조적] 엘러먼트
[element, 요소·성분]'라는 문제입니다.[40] 이 두 개의 표현 방식,
즉 한쪽은 '엘러먼트'이고 '프린서플'이 아니라고 분간
해 사용하는 것 자체가 근대에 대해 스펜더가 가진 페시
미즘[pessimism, 염세주의]의 표현이겠지만, 저는 역시 '크리에
이티브 프린서플'로 하고 싶습니다. 근대의 크리에이티
브 프린서플, 그것이 무엇인가 하는 문제를 이론적인 형
태로 넣어보고 싶은 것입니다. 일본의 유신에 대해, 그것
은 무엇인가 하는 문제도…….

마루야마 근대의 정신의 오소독시라고 말하지 않으면 레
지티머시[legitimacy, 정당성]의 문제와 구별될 수 없지.

후지타 그러니까 크리에이티브 엘러먼트라는, 스펜더와
같은 사용법 쪽이 좋지 않을는지요.

『일본 자본주의발달사 강좌』의 자리매김을 둘러싸고

이시다 좀 전의 우치무라, 가후, 오스기 3인을 줄지어 그
각각이 '수양주의', '교양주의', '충동주의'가 되고 그 3자
를 통합하는 것으로 강좌파가 나온다는 얘기에 관한 겁

• **40** 각각, 평론가 스티븐 스펜더(Stephen Spender)가 썼던 『파괴적
   요소』(1935)와 『창조적 요소』(1953)에 관계된다.

니다만, 그 경우에 또 하나의 앞 단계, 곧 우치무라나 가후에게 있었던, 대단히 시대를 넘어서고 있는 듯한 문제가 어디까지 계승되고 계승되지 않았는가와 같이 문제를 고쳐 이해할 때,「보고」는 『강좌』의 상당히 긍정적인 면을 강하게 드러내고 있지만 동시에 우치무라나 가후가 가졌던 그런 문제를 충분히 계승할 수 없었다는 부정적인 면이 『강좌』에 있었던 건 아닌가, 이는 탄압이 있었기 때문이라는 것과는 별도로 내면적인 문제로 존재했던 게 아닌가 생각합니다만.

후지타 우치무라적인 것에 대해 말하자면, 그것은 전전戰前에는 쇼와 10년대의 쇄말화 속에서 사라졌던 것이어서―뭐, 쇼와 7년에 나왔던 것이 10년대가 되면 사라진다는 것도 대단한 얘기라고 한다면 그런 것이겠지만,―『강좌』의 단계에서는 있었던 것이라고 생각합니다. 다만 그렇다면 왜 우치무라적인 인간이 『강좌』에 가담하지 않았는지 그 원인을 따져보면, 그것에는 역시 저 메이지 말기의 상황에서 생겨난 사회관과의 근본적 어긋남의 문제가 있다고 생각합니다. 『강좌』를 읽으면서 다이쇼 말기로부터의 좌익의 형성기란 실로 '제2의 계몽'이었다고 느꼈습니다. 그것이 러시아 혁명이라는 '외압'으로 촉발되어 나온다는 점까지 '제1의 계몽'인 메이지 초기와 닮았지만, 여러 가지 부정적인 면이 있다고 하더라도 역시 사상적으로는 그러한 근본적 어긋남이 포함되어 있었다고 생각합니다. 겨우 그것을 알아차렸던 것은 전후이고, 쇼와 10년대의 쇄말화가 한 번 더 표면화되었던 때 그것에 대항하려 했던 인간들 속에, 저도 그렇습니다만, 마쓰자와 히로아키[41] 씨와 같은 이들이 생겨납니다……

마루야마　그렇게 포함되어 있다는 것을, 이시다 군이 말한 마이너스적인 면과 동시에 좀 더 논증해주길 바라는 거야.

후지타　논증하고 싶지만, 그건 역시 쓰는 단계가 아니면 불가능합니다.

마루야마　네, 지금이 아니어도 좋아요. 만약 그렇게 논증할 수 있다면 그건 대단히 재미있을 거라 생각해.

'우익'의 평가를 둘러싸고

마루야마　그다음으로 다이쇼의 교양주의, 수양주의, 충동주의에 관한 것입니다만, 그 세 가지를 타락으로부터 구해냈던 것은 어떤 의미로는 '우익'이었다고 말할 수 있지 않을까. 전부 있네요, '수양'과 '교양'─뭐, 이는 좀 약

　　41　마쓰자와 히로아키(松澤弘陽, 1930~), 일본정치사상사가. 우치무라 간조 및 후쿠자와 유키치 연구로 유명하다. 공동연구 '전향'에도 참가했다.

한 것이지만. (웃음)

후지타 그런 건 있습니다. 고전교양, 동양교양.

마루야마 고전교양이 있고, 그리고 대단히 미약하지만 히틀러주의 등의 수입이 있지요. 그리고 '소요'는 상당했죠.

후지타 그것엔 전문가시죠. (웃음)

마루야마 청년 장교 등은 아무리 삐뚤어지고 있었다 해도 어쨌든 마르크스를 읽고 있었지. 진지한 것은 그들 쪽이었는데, 다이쇼의 저 타락한 세 가지 형태에 대하여 바로 그들 우익 쪽이, 말하자면 '우익적으로' 퓨어[pure, 순수]해지는 면이 있어.

후지타 우익 쪽에는 국가권력이 들러붙어 있었기 때문에 매우 사이비적인ィンチキな[속임수·협잡을 일삼는] 인간도 한가득 들러붙어 있지만, 순수 우익 속에는 좋은 것도 있어서 좌익과 서로 포개지고 있는 점이 있죠. 이노우에 미쓰하루[42]의 『과달카날 전시집戰詩集』[1958]이라는 소설이 걸작이라고 생각하는 것은 거기에 우익과 좌익의 양의성이 잘 포착되어 있기 때문입니다. 미쓰이 사키치[43]인가 뭔가 하는 사이비적 인간조차 그 공판 기록을 읽으면 『강좌』를 읽지 않았으면서도 농촌에 관한 분석을 강좌파와 동일하

• **42** 이노우에 미쓰하루(井上光晴, 1926~1992), 소설가.
43 미쓰이 사키치(滿井佐吉, 1893~1967), 육군 군인, 정치가.

게 말하고 있습니다. 안도 데루조[44] 대위의 심정 등도 매우 비슷합니다. 저 양의성이라는 것은 동일한 문제로부터 발생하는 두 개의 사상으로, 우익 쪽은 군사력에 의거하려 함으로써 결정적으로 정신의 타락을 가져온 일면이 있지만 지금 선생님이 지적한 측면도 포함하고 있으므로, 그 양의성에 대해 쓴다면 재미있을 거라고 생각합니다.

마루야마 즉, 쇼와의 우익은 다이쇼를 거치고 있고, 그 지점이 이전 시기 메이지의 국수주의와 다르죠. 때문에 다이쇼 데모크라시 속에 대단히 미분화된 상태로 있지요.

후지타 초기에는 특히 그렇습니다.

마루야마 그것이 우익과 거의 분간되지 않기에 그로부터 줄곧 우익적 순수가 나오고 있고, 그 속에는 '교양주의'와 '수양주의' 그리고 또 '소요'가 있지요. 가장 좋은 것은 '충동'보다도 '소요'라고 생각합니다만, 그것은 당시 좌익의 타락한 세 가지 형태보다도 뭔가 순수하다고 느끼게 하는 것이 있습니다. 물론 대전제로서 후지타 군이 말했던 천황제라는 거대한 기둥이 있다는 것은 알고 있지만, 다이쇼 데모크라시 또한 어떤 의미에서는 천황제

• **44** 안도 데루조(安藤輝三, 1905~1936), 육군 대위, 2·26 사건의 주모자로 사형판결을 받은 황도파(皇道派) 청년 장교 중 한 명이다.

를 전제로 하고 있었고, 천황제 또한 변질되어가고 있었
던 것이니까.

　우리가 아이일 때를 추체험해볼 때에도, 교양으로
말하자면 아베 지로[45]의 '인격주의' 등으로부터 나왔던,
흔히 말하는 '다이쇼 데모크라시'보다도 스기우라 주고
의 사설 학원에 다니던 나의 숙부 이노우에 가메로쿠 등
의 불교 경전을 통한 것이었습니다. 예사로 그 불전을
정말로 읽었으며 그것이 또한 정말로 이른바 '피와 살'
이 되었습니다. 일상 회화에 자유자재로 불전이 나올 정
도의 '교양주의'가 있었던 거죠. 그렇게 교양주의라고 말
해도 그것은 리버럴리즘[liberalism, 자유주의]의 하이칼라로서
의 위선적인 것이 아니라, 흔한 의미에서의 '인격적 고
결함'으로 오히려 진정한 '수양주의'입니다. 그에 비한다
면, 뭐, 다이쇼 리버럴리즘 쪽이 수상쩍죠.

후지타　아무래도 일본에선 '문명주의'가 특수덕목화한
경우, 무언가 그것을 합리화하려는 말이 나오기 마련입
니다. 예컨대 '간통'은 '남녀의 동권[同權]'이라든가 '해방'
이라는 식의 윤리성이 들러붙어 자각됩니다. 때문에 매
우 위선적으로 되고 말죠. 그것은 '위선의 자각' 없는 위
선이기에, 선생님이 말씀하시는 '위선을 권함'의 저 위선

　•　**45**　아베 지로(阿部次郎, 1883~1959), 철학자, 미학자, 작가.

과는 전혀 다를 것입니다. 그에 대해선 우익 쪽이 훨씬 순수합니다. 클래식하니까.

마루야마   그 문제는 농민 속에서 나왔던 저 '국회개설청원운동' 같은 부분에까지 이어져 있는 게 아닐까. '농본주의'의 이데올로기는 도회로 나왔던 사람들에 의한 것이지만, 그것을 지탱하고 있는 신실한 농촌 청년들은 충분히 공부도 하고 수양도 쌓고 있었습니다. 게다가 그건 일종의 소요입니다. 이는 우익 본래의 특색으로, 조직론이 없기 때문에 어찌해도 소요가 될 수밖에 없는 것이겠지만요.

후지타   그렇지만 청원운동은 소요가 아니라 운동입니다. 저도 힘주어 쓴 부분이지만 그것은 분명히 '운동'입니다.

마루야마   『강좌』가 나왔던 단계에서 말하자면…….

후지타   다이쇼 시대의 생활 속에는 '수양', '교양', '충동'이라는 것이 결합되어 있었지만, 그 시대의 이데올로기적 차원에서는 '수양'이 저 홀로 걸어갔던 것이므로, 그것만으로는 영양분이 될 수 없었습니다.

마루야마   그 세 개가 분기하고 타락해버렸고, 그에 대해 한쪽은 마르크스주의라는 세계관으로 무장하여 '삼위일체'를 행했다는 것. 우익은 우익 나름으로, 분기된 것의 통합을 제출하고 있다는 데에 우익이 왜 강했는지에 대한 한 가지―좀 전에 나온 국가권력의 배경이라는 것을 제외하고서도 한 가지 해명은 될 수 있고, 그런 한에서 역시 우익에는 지배계급을 전율시키는 섬싱[something, 어떤 것]이 있었다는 생각인 겁니다.

후지타 그 원인으로 '고전성古典性'이라는 것을 생각해봅니다만, 어떨지요. 좌익은 좌익 나름으로 세계의 시련 속에서 형성되어왔던 '고전', 곧 러시아 혁명에 의해 실험된 고전적인 것을 갖는다는 것, 게다가 그 배경에는 그리스도교의 '삼위일체'까지 있었다는 것. 때문에 이론적 측면에서 말하자면 좌익 쪽이 강하게 결정되고 있는 것입니다. 하지만 우익 쪽이라고 해도 '동양도덕'이라는 것이 없지 않은데, 고전적인 덕목에 있어서 그것으로…….

마루야마 즉, '열린 것[개화(開化)]에 대한 대항'이네요. 좀 전의 단어로 말하자면 '사이비 문명의 정신'에 대한 대항이라는 것이 됩니다. 즉, 지배층이라는 것은 '열리고' 있었던 거라고 생각하는 겁니다. '문명개화'의 적자인 거죠. 이에 대해 우익이라는 것은 '우리가 동양도덕이다'에 의거한 안티테제인 겁니다.

후지타 그 경우의 '개화했다'라는 의식에는 현재의 상태에 대한 만족이 있는 것이죠. 즉 현재의 폐색 상황에 대해 전혀 무자각인 겁니다. 그런 현재의 폐색 상황에 대한 위선적인 허위의식·은폐이데올로기 속에서 현재의 곤경을 어떻게 구제해낼 것인가를 생각함으로써, 한편으론 과거의 전통을 향해 스스로를 개방한다는 우익적 발상이 생기고, 다른 한편으론 세계를 향해 스스로를 개방한다는 좌익적 발상이 있어서 거기로부터 '제2의 계몽'을 통한 좌익의 형성도 있었습니다.

'리버럴리즘'의 분기와 마르크스주의의 역할

마루야마   결론은 같지만, 그것과는 별개로 나의 전후를 관통했던 감정 속에는 전전戰前의 리버럴리즘, 특히 '중신적重臣的 리버럴리즘'에 대한 상당한 실망과 분노가 있습니다. 즉, 전후의 '좋은 좌익'이 '나쁜 좌익'에 대한 구별로부터 출발했던 것처럼 전전의 리버럴리즘에 대한 비슷한 구별의 감정이 있었습니다. 역시 그것에 대해선 말할 필요가 있죠, 특히 지금처럼 자유주의의 계보로 두루뭉술하게 묶어버리는 것이 아니라. 매우 소수의, 최량最良의 자유주의는 좋습니다. 그렇지만 중신적 리버럴리즘은 매우 타락하고 있다고 생각하는 겁니다.

후지타   기도 고이치46)처럼요.

마루야마   나는 타락한 리버럴리즘으로서는 사이온지 긴

- **46** 기도 고이치(木戶幸一, 1889~1977), 관료, 정치가, 후작. 쇼와 천황의 측근이며 중신(重臣)으로 제2차 세계대전 당시 육군 대장 도조 히데키를 수상으로 천거했다.

모치까지 거슬러 소급합니다. 그도 처음에는 좋았지만
……

후지타 『도요지유신문東洋自由新聞』도 있죠.

마루야마 역시 중신 리버럴리즘이라는 것과 단절하지 않
으면 진정한 리버럴리즘은 나오지 않습니다. 거기에는
마르크스주의의 역할이 끼어 있다고 생각합니다. 마르
크스주의에 의해 기사회생하지 않을 때 우리가 말하는
의미에서의 진정한 리버럴리즘은 될 수가 없다고 나는
말하고 싶습니다. 신新현실주의에는 그것이 없습니다. 마
르크스주의를 통과한다는 것은 여러 형태가 있지만, 나
는 마르크스주의의 세례를 받았는가 아닌가 하는 것으
로 리버럴리즘을 나눕니다. 그리하면 좌익이 타락해버
린 이후 좌익의 그런 세례를 받지 않고 나온 리버럴리즘
도 생기는 겁니다. 때문에 그것에는 좌익의 책임도 있죠.
지금의 신현실주의라는 것이 대개 그렇습니다.

　나는 예컨대 세계관이랄까 철학 레벨에서 말하면,
유물론은 근대 일본에서는 관념론의 역할을 다했다고 생
각합니다. 따라서 나는 관념론을 알고 있는가 아닌가가
어떤 의미로는 갈림길일 거라고 생각해요. 통과해나가는
가 그러지 않는가 하는 것은 그 갈림길 위에서입니다.

　관념론이라는 것은 곧 자연주의로부터의 단절인 겁
니다. 자연적인 여러 욕망으로부터 자신을 단절한다는

것이죠. 때문에 일본에선 마르크스주의가 관념론의 그러한 역할과 지위를 대신했다고 할 수 있는 겁니다. 자연의 사회가 엉거주춤 질질 끌기를 계속하고 있었기 때문에 일본 사회에서 자연과 자신을 단절하는 것은 사회로부터도 가족으로부터도 고립됨을 뜻합니다. 적어도 전전戰前은 그렇습니다. 그 패러독스, 곧 일본에서는 마르크스주의가 최량의 관념론이라는 패러독스, 일본의 컨텍스트에서는 그런 관념론에서의 최량의 것을 마르크스주의가 가지고 있었다는 패러독스의 자각이 전후에는 희박했던 것이 아닌가 생각합니다. 내가 전쟁 직후의 좌익에 대해 본능적으로 위화감을 가지고 있는 부분이 거기였어요. 역시 유물론 대 관념론이라는 관점이고, 그 관점 속엔 단지 관념론은 리버럴리즘이고 그것에 대립하는 민주전선의 조직 같은 정치적 판단 외에는 없었던 겁니다.

후지타 그렇지만 저는 처음부터가 다릅니다. 정직하게 말해 그렇게 구별하지를 못했습니다. 그래서 그 양쪽이 점점 분리되어갈 때, 아무래도 그 분리를 인식하지 못한 것이 원인이 되어 제 자신 쪽이 틀린 게 아닐까, 자신의 생각이 응용주의였기 때문이 아닐까 하는 것만 생각했던 겁니다.

어째서 그럴까 생각해보면, 좀 전의 「보고」를 예로 들건대, 선생님들의 세대는 정신의 형성을 전중戰中에 이

루었던 것이고, 때문에 전후는 해방으로서 패전을 맞았
죠. 저희는 그렇지 않은 겁니다. 해방으로서 전후를 맞이
했던 것이 아니라 일대 쇼킹한 사건으로 맞았던 것입니
다. 정말로 머리를 쾅 얻어맞아 뇌진탕을 일으켰고 일단
'마음의 여로'에서 기억을 상실했던 것이며 이어 주위를
다시 전망하며 눈뜨게 된 세계의 광대함과 풍부함에 기
겁하면서도 열심히 공부해왔던 것입니다. 그 지점을 두
고 가령 전후 정신사의 출발점이라고 할 수도 있겠죠.
그런 눈으로 보면 오쓰카 히사오 선생님도, 마루야마 선
생님도, 그리고 이시모다 선생님도 제겐 구별되지 않았
습니다. 정직하게 말해 정말로 동일한 것으로 보였던 겁
니다. 거꾸로 말하자면 그 덕분에 좀 전의 「보고」가 조금
이나마 정밀해질 수도 있었던 것이겠지만, 『강좌』의 성
립을 극복하여 그것의 부족한 부분이라든가 타락한 부
분을 대상으로 『강좌』를 정당하게 발전·계승했던 경험
을 전후파는 함께 얻었고 거기로부터 출발했던 것일지
도 모르겠습니다.

마루야마 그렇지만 마르크스주의 속에, 좀 전에 말한 것과
같은 마르크스주의가 거대한 관념론의 역할을 연기演技하
고 있다는 자각이 어디까지 있습니까?

후지타 예컨대 저는 매우 불만을 가지고 비판했던 것이
지만, 이시모다 씨의 『중세적 세계의 형성』[1946] 등에는

그런 자각이 들어 있었다고 생각합니다만.

마루야마 아니, 객관적으로는 있겠지만…….

후지타 '도리道理'에 대한 분석 부분에 저는 불만을 표했었지만, 그러나 거기에는 관념적인 것, 정신적인 것이 물질적인 것이라는 패러독스가 사용되고 있습니다. 때문에 저는 그러한 자각이 있었다고 생각하는 겁니다.

자유민권운동과 '이단감각'

마루야마 이야기를 되돌려 매우 프리미티브한[소박한] 문제로부터 말하자면, 앞서 '내란', '소요', '운동'이라는 규정이 있었는데 그것과 '메이지 말기까지는 이단이 나오지 않는다'는 것은 어떻게 관계되는 것입니까?

후지타 아니, 이단감각이 메이지 중기까지는 나오지 않는다는 것입니다.

마루야마 그렇다면 자유민권의 소요, 예컨대 지치부 소요라든가 가바산이라든가 하는 것들은 어떻게 자리매김되는 것입니까?

후지타 자유민권의 경우는 매우 예외적으로 일찍 나왔습니다. 다만 네이션와이드[nationwide, 국가적·전국적]로는 메이지 중기 이후가 아니라면, 특히 사상의 차원에서는 메이지 말기가 아니라면 나오지 않습니다. 그런데 자유민권운

동은 '운동' 범주의 몸체를 이루는 것이기에 그 자체가
한 개의 '사회 속의 사회'를 형성했고 '교회'는 아니지만
'전도傳道' 단체를 형성했습니다. 때문에 그런 '운동'이 부
서져갔던 과정은 마치 아리우스파가 패배 이후 즉각 18
개의 종파로 분해되지 않을 수 없었던 것처럼 무한한 분
해 과정을 더듬습니다. 그 속에는 역시, 이후 메이지 말
기에 이르러 네이션와이드로 나오게 되는 '소요' 쪽으로
의 타락이라는 것이 자유민권운동의 내부에서 조숙해져
나옵니다. 그렇게 가바산이 되고, 지치부까지는 아직 '운
동'과의 접점이 있었지만 이후에는 대단히 개별적인 테
러화 현상이 나옵니다.

마루야마 때문에 다시 한 번 정리하자면, 스스로 이단이
라고 생각하는 이단은 메이지 말기까지는 나오지 않는
다는 것이죠.

후지타 그러하되 가바산 사건 등에는 없지만 예컨대 기
타무라 도코쿠[47]와 같이 스스로를 '이단'으로 자각한 인
간이 선구적이고 예외적으로 자유민권운동이라는 운동
의 몸체에서, 곧 일본 사회 속의 개별적 사회, '전도 사
회' 속에서 나오지 않을 수 없었습니다. 그러나 그것은

•   **47** 기타무라 도코쿠(北村透谷, 1868~1894), 평론가, 시인. 시마자키
도손에게 큰 영향을 주었다.

정말로 예외적이고 선구적인 것이었습니다.

마루야마 자유민권운동의 좌절이니까요.

후지타 그렇습니다.

마루야마 때문에 자유민권운동 전체는 역시 에도 사회 붕괴 이후의 새로운 사회원리를 만들려는 것, 즉 메이지 정부와의 '정통' 다툼이었다고 생각하는 겁니다.

후지타 그렇습니다. 따라서 거꾸로 『자유당사自由黨史』는 메이지 40년대가 되어 작성되었음에도 자유당이야말로 대일본제국헌법을─심히 타락한 형태였지만[메이지 22년 (1889) 공포, 23년 시행] ─만들었다는 자신의 '정통감각'을 표명할 수 있었습니다. [헌법 제정 이후 시간이 흘렀던] 메이지 40년대가 그렇다고 한다면, 하물며 메이지 20년대에는 말할 것도 없을 것입니다.

마루야마 우리 사이에는 이미 성립된 양해 사항인 것이지만, 나는 역시 그것을 강조할 필요가 있다고 생각합니다. 즉, 자유민권운동의 좋은 부분이란 역시 유신의 정통적 계승자는 자신들이고 자신들이 유신정부라는 자부심을 가지고 있었던 것으로, '나는 이단입니다'라고 말하는 이들도 있었지만 적어도 주류는 그렇지 않았다는 것입니다.

후지타 그것에 대해서는 강조할 생각입니다.

마루야마 그것은 '이단취향'과는 다르니까.

후지타 물론입니다. 그런 강조를 위한 하나의 방식으로

제가 반드시 넣으려고 하는 사료 중 하나는 사이고 다카모리와 이타가키 다이스케[48]의 분리를 보여주는 것입니다.[49] 정한론의 시기, 이타가키와 사이고는 패배하여 함께 사직하고 나라로 돌아간 것이지만 그때 그 돌아가는 방식이 전혀 달랐습니다. 사이고는 시노하라 구니모토 이하 사병들을 이끌고 돌아간 것에 비해 이타가키는 그 반대였습니다. 그에게도 근위병인 제자들이 있었지만 그들이 전부 함께 돌아가자고 했던 것을 이타가키는 단호히 거부했습니다. "제군은 나의 병사가 아니다. 너희는 일본국의 병사이다. 나는 지금의 정부내각과 의견을 달리하는 까닭에 떠나는 것이지만 제군이 떠나는 절차는 나와 같지 않다. 제군이 떠나고 싶고 근위近衛에 대한 제군의 방침이 다르다면 스스로의 자주적 판단으로 떠나라"라고 하는, 상징적인 이별이 있는 것입니다. 그런데 지금까지―사람들을 비판만 해서 죄송합니다만―자유민권운동 연구자들은 모두가 그것에 대해 쓰고 있지를

• **48** 이타가키 다이스케(板垣退助, 1837~1919), 도사 번(土佐藩) 출신의 사무라이, 자유민권적 정치가. 자유당 설립자.
49 사쓰마 번 출신의 사무라이로 유신을 성공시킨 사이고 다카모리는 자신의 정한론(征韓論)이 기각되자 귀향한 후 유신정부와 반목하다가 세이난 내전을 일으켰다. 그것과 대비되는 도사 번의 사무라이 이타가키 다이스케는 자유민권운동의 주도자였다. 서민파(庶民派)의 지도자로서 압도적인 지지를 받았고, 1881년 일본 최초의 근대 정당 형태의 자유당을 설립했다.

않네요, 그 철저한 갈림길에 대해. 역시 저는 사이고는 이단이었다고 생각합니다. 메이지 유신의 정신을 후쿠자와의 정신이라고 할 때 이타가키는 그것에 가깝지만 사이고는 역시 봉건파입니다. 그리고 그런 면에서는 반동입니다. 때문에 사이고는 이타가키가 가능했었던 원리적 준별이 가능할 수 없었습니다. 이 점에서 이타가키는 훌륭합니다. 또 하나, 이는 『자유당사』에 인용되어 있는 것인데 이타가키가 서양행에서 돌아왔던 때의 보고서입니다. 서양과 일본의 상이함, 그리고 자유민권운동을 정통으로 자리매김하는 그 방식, 즉 일본 사회에서는 모두가 '정치주의'이므로 그 정치주의를 타파하는 정치운동이 '생활 사회'를 만들어내기 위해서도 먼저 필요하다는 논의의 훌륭함. 그것도 강조하고 싶습니다.

유신의 정신

마루야마 즉, 유신의 정신이라는 것은 그리스도교와는 달라서 사회적·정치적 변혁 차원의 것이죠. 게다가 일본 사회의 고립성이라는 것이 있기 때문에 유신의 이데올로기 자체가, 후지타 군이 『유신의 정신』[1967]에서 충분히 논했듯 엠비규어스[ambiguous, 양의적인]죠, 다의성을 지니고 있습니다. 크게 말하자면 그것은 '문명'과 '독립'과

'통일'이라고 생각합니다. '유신의 정신'으로서 말해지는
것은 그것들 속 어딘가에 들어갑니다. 예컨대 '존왕尊王'
은 '통일'이고, '양이攘夷'는 '독립', '문명'—이는 다의적
인 것이지만 그 세 개 중 무엇을 어떻게 조합시킬 것인
가에 따라 유신 정신의 어떤 것이 나옵니다. 그 각각이
자기야말로 유신 정신의 계승자라고 하면서 나오는 것
입니다. 우익은 우익 나름으로 그렇습니다. 역시 유신 정
신 자체의 엠비규이티[ambiguity, 양의성]로부터 그 이후의 분
기分岐가 나오는 것이죠.

후지타 그러나 그것이 명확히 해석체계가 되는 것은 메
이지 중기 이후로, 그 전에는 후쿠자와뿐이죠. '독립'을
제대로 '국가의 독립'과 '정신의 독립'이라는 두 개로 나
누고, 그 위에서 그것들을 '문명'에 연결하여 '삼위일체'
를 만들려고 하는 것은 후쿠자와뿐이니까. 때문에 그는
유신의 사상적인 의미에서의 '정통'입니다.

마루야마 일본제국의 걸음을 보면 '독립'이 먼저 달성되
는 것이죠. 그리되면 그다음으로는 '문명'이—'문명'의
의미도 여러 가지가 있고 후쿠자와적 '문명'은 대체적으
로 문제적인 것이지만, 이른바 물질문명이 다음으로 달
성됩니다.

후지타 그것은 '독립'의 콜로라리[corollary, 당연한 귀결]니까요.

마루야마 맞아, 맞아. 그러면 역시 유신의 정신 중에서

'통일'이 최후에 남지 않겠나. 유신의 정신이라니, 나쁜 의미인 겁니다. 내가 말하는 것은.

후지타 네, 허위의식이죠, '내셔널 컨센서스[national consensus, 국민국가적 합의]'

마루야마 그렇습니다. 나는 그러한 과정이 있다고 생각하는 겁니다. 그래서 '문명' 쪽은 또 마르크스주의라든가 그리스도교라든가 하는 것으로 가버리고 '독립' 쪽은 아시아주의 같은 것으로 가버리죠. 적어도 그것은 대일본제국의 정통은 아닌 거죠.

후지타 그래서 좀 전에 '국민윤리'의 엠비규어스한 점, 즉 '국가도덕'이니 '국민도덕'이니 하는 까닭을 알 수 없는, '동서융합론'…….

마루야마 '통일'이 아니라 '통합', 그 '통합'이라는 것이 남겨지게 되는…….

후지타 네, '삼교회동'이라는…….

마루야마 '통합'이라는 것은, 따라서 '유신의 정신'에 있었던 셈입니다. 막번 체제에서 뿔뿔이 흩어진 것을 통합한다는……. '트리니티[Trinity, 삼위일체]'에 대응하는, 그러한 '유니티[unity, 합동·일관·일치]'를 솜씨 좋게 말할 수 있는 표현은 없을까.

후지타 독일어로도 꽤 생각해보았지만 도무지 잘 안되더군요. '삼교회동'이라고 하면 특수한 사건의 명칭이 되어버릴 뿐이죠. 그것을 상징적으로 요약한 일반적 개념으로 하고 싶은 건데.

이시다 역시 '융합'이군.

후지타 아니, 그렇지 않지. 내가 말하는 것은, '논論'으로는 '융합'론을, 실제의 통합으로는 기계적 결합이 될 수밖에 없는 것을 어떻게 표현할 것인가 하는 문제로, '트리니티'라는 것이 가진 대단함이란 본디 '3위'가 각각 그 다름을 지속하고 있다는 것을 출발점으로 하여 그 위에서 그 3자의 '유니티'를 만들어낸다는 부분이죠. 그런데 '삼교회동' 쪽으로는 '융합론'이라는 형태밖에는 말할 수 없으니까 거꾸로 실제 통합을 행할 때는 기존의 특수한 단체를 그대로 강권적으로 편입시키는 것 외엔 방법이 없게 되는 것이죠. 거기가 재미있는 부분이 아닐까 생각하는 겁니다. 즉, 우선 '치도治道'가 먼저 있는 사회의 한심함. 뭐, '한심함' 따위의 가치평가를 넣지 않아도 좋겠지만 그건 그 나름의 특징인 것이죠.

은둔의 정신사

마루야마 「보고」에 나가이 가후를 두고 '은둔의 변증'이라는 말을 썼는데, '은둔'이라는 문제는 가후에게서 처음 나오는 것입니까?

후지타 아니요. 그 전에 「보고」 제2장에 있는 '이교의 이단화'에서 나옵니다. 다이쇼 시기에는 '은둔'의 유형으로서 가후적 은둔과 또 하나 '시라카바파白樺派[50]적 은둔, '무샤노코지'[51]적 은둔이라고 말해도 좋은 것입니다만 서양미학에 탐닉하거나 서양철학을 즐기며 모든 것을 '정신안정제'로 해버리는 은둔이죠. 그건 오히려 '은거'라고 말하는 쪽이 좋겠습니다만, 저는 '은둔'과 '은거'를 구별하고 싶습니다. 은둔에도 여러 가지가 있다는 것…… 특별히 저의 '은둔' 개념을 합리화하려는 것은 아니지만…….

마루야마 아니, 그걸 꼭 해줬으면 해. '이단'의 한 유형으로서의 '은둔', 게다가 그 속에 있는 '유형'의 구별. 예컨대 '틀어진 자すねもの[스네모노, 등돌린 자]' 은둔과 '액티브[active, 활동적인]' 은둔이라는 것도 이상하지만, 메이지 이전 불교의 은둔에는 원리를 가지고 산림에서 산다는 이들이 있었죠.

후지타 아니, 아닙니다. 반드시 그런 것은 아니죠. 도겐 등은 그렇다고 해도, 저 '산골 마을은……' 따위는…….

• **50** 시라카바파는 다이쇼 데모크라시의 자유주의적 분위기를 배경으로 1910년 창간한 동인지 『시라카바』를 중심에 두고 활동했던 여러 작가로서, 그들 다수는 가쿠슈인(學習院) 출신의 상류계급으로 이상주의, 인도주의, 개인주의적 작품을 띠었다. 무샤노코지 사네아쓰, 아리시마 다케오, 야나기 무네요시 등이 주요 멤버이다.
51 무샤노코지 사네아쓰(武者小路實篤, 1885~1976), 소설가, 시인, 극작가, 화가, 귀족원 칙선의원.

마루야마 아니, 사이교[52] 또한 그렇죠.

후지타 아니, 사이교는 다르죠.

마루야마 그렇지만 사이교는 원형이죠.

후지타 원형이지만, 사이교를 흉내 내어 '산골 마을……'
따위를 말하면서 교토 우지宇治 근처에 별장을 짓고 있는
패거리는 역시 다이쇼 시대의 무샤노코지 같은 것입니다.

마루야마 그것은 '틀어진 자' 은둔이네요. 때문에 '은둔'
에 '틀어진 자'와, 하나 더 '원리' 은둔이랄까 '대결' 은둔
이 있다는 것이 중요한 겁니다. 현재 좌익의 은둔 속에
도 '틀어진 자' 은둔의 계보가 이어져 있는 건 아닐까.

후지타 그것으로 말하자면 가후에게는 두 가지 면이 있
습니다. 하나는 '틀어진 자[스네모노]'성性. 이는 분명히 있
죠. 또 하나는 '원리'성, '대결'성인데 그 두 가지가 포개
져 있다고 생각합니다.

마루야마 때문에 그 '틀어진 자'를 정확히 자리매김하기
를 원한다고 말한 겁니다. 나도 단순히 '틀어진 자'인 것
만은 아니라고 생각합니다만. 후지타 군이 가후의 '은둔
의 변증'이라고 말할 때 가후의 적극적인 면만을 말했
기 때문에, 나는 또 하나 가후 속에 있을지 없을지 모르

• **52** 사이교(西行, 1118~1190), 헤이안 시대 말기부터 가마쿠라 시대
초기에 걸친 사무라이, 승려, 가인.

지만 '은둔'의 유형에 있어 '틀어진 자'성의 문제를 말했던 겁니다. 이 '틀어진 자'의 사상적 특징, 사상사로부터 바라본 특색이라는 것을 유형으로서 제출하는 것은 특히 일본 근대 도시의 경우를 생각할 때에 대단히 중요한 게 아닐까. 그렇다는 것은 한 사람의 인간 속에 통째로 들어 있다는 것이 아니라 예컨대 『삼취인 경륜문답三醉人經綸問答』[1887]의 '남해선생'같이 하나의 요소로서 있을 겁니다. 한쪽으로는 여러 가지 일을 해나가면서 어딘가에 있을, 그러한 형태로 정신구조 속에 자리를 점하고 있을 그러한 요소가.

후지타 그리고 그런 요소가 있음으로써 비로소, 기본적 인권 없는 일본 사회에서 간신히 인권의 흐름이 지하수처럼 계속될 수 있었다, 라는…….

마루야마 점점 아폴로지[apology, 사과]가 되고 있는 게 아닌가. (웃음)

이시다 좀 전에 가후, 우치무라의 사상적 요소를 강좌파는 어떤 식으로 계승했는가에 대해 말할 때, 그것이 실은 마음에 걸렸습니다. 즉, 가후적 은둔이라는 것은 역시 기본적 인권이랄까 프라이비트[private, 사적·개인적]한 것의 원리화 같은 눈을 가지고 있었습니다. 그렇다면 그것을 공산당이 강좌파 없이 어디까지 길어 올릴 수 있었는가, 그 문제가 남는다고 생각합니다.

후지타 그렇지만 강좌파의 경우, 그것은 정치적 이데올로기이기 때문에 본래 '은둔'적 요소가 매우 적습니다. 게다가 집단주의죠. 다만 '계급적 연대'라는 것은 보편적 기준에 의한 집단화니까 본래 개인의 자발적 참가에 의한 집단주의입니다. 그런 의미로는 일본 안에서 부르주아사회의 긍정적 가치를 강좌파가 처음으로 가리켜 보였다고 할 수 있습니다. 다만 가후적인 요소에 의해서만 지켜질 수 있었던 것이 일본 사회의 프라이버시와 인권의 문제였다는 점은 있습니다. 그 점을 이론적인 레벨에서 가후를 극복하는 과정에서 다뤄보고 싶습니다. 이시다 씨는 지금 사적 측면이라고, 프라이버시의 측면만이라고 말했지만 그렇지 않습니다. 저의 가후론에선 그 지점이 중요합니다. 그는 대일본제국에 대항하고 있었던 까닭에 프라이버시주의는 결코 없었던 겁니다.

이시다 따라서 저는 개인을 원리화했다고 말했던 것입니다.

후지타 맞습니다. 오히려 인권 의식인 것이죠, 가후의 것은. 일본에서 인권 의식을 지키기 위해서는 세상과의 틀어짐밖에는 달리 길이 없었다는…….

마루야마 아니, 내가 '은둔'을 말한 것은 나 자신 속에 은둔사상이 심상찮게 있고, 때문에 자기비판으로서 말한 것입니다. 은둔사상이 자기의 것이기에 자기 속에 어떤 식으로 자리매김하면 좋을까 모르겠다는 겁니다.

후지타   저번 연구회에서 저는 '은둔'을 조잡하게 유형화했었습니다. 그것에 대한 비판으로서 말한다면 유형 간의 이동 문제가 파악되지 않고 있다는 것입니다. 그래서 그런 유형 간의 이동이라는 축을 넣어본 경우, 분명히 '데모크라티제이션[democratization, 민주화]'의 방향으로 벡터[53)가 향해진 '프라이베터제이션[privatization, 개인화]'과, 그것과는 달리 '완전 은둔' 방향으로의 벡터를 가진 '프라이베터제이션'이 있게 됩니다. 시라카바파적 은둔은 후자의 것입니다. 즉 '프라이베터제이션'의 자각이 없으므로 둥실둥실 어디로도 가서 '마음 편해지는' 따위가 되는 것입니다……

노농파의 사상사적 의의

마루야마   다음 질문이랄까, 의문은 노농파에 관한 것입니다. 구시다 다미조[54)로부터 우노 고조[55)에 이르는 노

- **53** vector. 힘, 속도, 가속도와 같이 크기와 방향의 상호작용성을 갖는 물리량.
  54 구시다 다미조(櫛田民藏, 1885~1934), 경제학자. 만년에 일본자본주의 논쟁에서 노농파의 논객으로 활약했다. 대표작으로 『마르크스 가치 개념에 관한 일고찰』이 있다.
  55 우노 고조(宇野弘藏, 1897~1977), 마르크스주의 경제학자, 우노학파의 거두.

농파 속에는 어느 쪽이 정통이고 어느 쪽이 이단인지 알
순 없어도 대단한 정치적인 감각과 도그마티즘[dogmatism,
교조주의·독단주의]의 양극성이 있으며 그런 양극성이 어떻게
결합하고 있는가 하는…….

후지타 그 결합 관계에 관해서는 솔직히 말해 모르겠습
니다. 모르겠습니다만 양쪽의 특색이 있다기보다는 지
금 현재 존재하고 있는 노농파를 '학파'로서 말하자면,
오히려 우노 학파에는 정치적 리얼리즘이 완전히 결여
되어 있습니다. 소급해 말하면 쇼와 10년대 논쟁의 한
쪽이었던 '강좌파'는 '쇄말화', '슬로건주의'에 빠지고 다
른 한쪽인 노농파는 그야말로 '원전복귀주의原典復歸主義'
의 스콜라스티시즘[scholasticism, 스콜라철학]이라는[사변적이
고 지엽적인 것에 몰두한다는 의미에서] 쇄말주의가 되
어 나타납니다. 그것이 전후의 동란 속에 잠시 성립했던
'생활 속에서의 삼위일체'가 사라진 이후 공산당 속에는
'정치적 쇄말주의'가 나타나고 다른 쪽으로는 '학파' 속
에 우노 고조의 권위가 찬연히 빛나기 시작하는…….

마루야마 다만, 이러한 것은 아닙니까? 아니, 반대한다는
게 아닙니다만. 즉, 원전복귀라고 하더라도 오히려 한정
해 말하자면 그것은 '경제학주의'인 거죠. 이는 구시다 씨
이래 전부 그런 것이지만 '복귀'라고 말했어도 그건 마르
크스주의의 세계관에 관계되는, 예컨대 『독일 이데올로

기』로의 복귀가 아니라 경제학으로의 복귀인 겁니다.

후지타 때문에 저는 그것을 '원전복귀'라고 말한 것입니다. 곧, 포괄성을 갖지 않는 문헌주의^{文憲主義}인 거죠. 그렇게 문헌주의적으로 갔던 경우, 마르크스가 썼던 것 가운데 무엇을 선택할 것인가 묻는다면 역시 『자본론』이 됩니다. 이것은 자연스럽다고 생각합니다. 선생님이 지금 말씀한 마르크스의 세계관이라든가 철학이라든가, 태도라든가 해석의 프레임워크라든가, 그러한 가장 추상화된 것에 대해 질문하는 것은 역시 관념론을 통과해나갔던 문제의식을 가진 경우라서 문헌주의적 태도로부터는 나오지 않습니다.

마루야마 나는 굳이 안티테제를 내지 않겠습니다, 그 견해에 대해서는.

후지타 아니, 적어도 노농파의 의식에 있어서는 그런 것입니다. 저도 안티테제가 나오는 것 자체에는 찬성입니다, 그렇지만······.

마루야마 예컨대 내가 들어갔던 때의 유물론연구회^{唯研}는 『독일 이데올로기』 원전주의였어요. 그것에 '마테리알[material, 물질적]'이라든가 '뷔르걸리히[bürgerlich, 시민계급의]'라든가 하는 단어가 나오면 그것은 어떤 문맥에서 사용되고 있는가라는, 좀 더 세밀한 문헌 읽기였습니다. 따라서 '문헌주의'로부터 즉각 '경제학주의'가 나온다든가,

따라서 문제가 있다는 것은 아닌 겁니다. 오히려 내가
감히 제출하는 의문은 그들 노농파가 가진 '경제학주
의' 자체에 적극적인 의미는 없었는가 하는 겁니다.

요컨대 노농파의 상당수가 대학교수 속에 있었던
것은 우연이 아닙니다. 일본의 경제학 발달사로부터 말
하자면 그들은 그 이전의 정책학에 대한 대항 속에서
나왔습니다. 즉, 국가와 결부된 정책과 이론이 뒤죽박
죽으로 되고 있던 상태에 대항한다는 것으로서, 그들의
경제학주의는 의식하지 않은 채 베버가 말하는 '베르트
프라이하이트[Wertfreiheit, 가치중립성(가치로부터의 자유)]'의 요청을
완수하고 있었습니다. 이것은 오우치 효에[56] 씨의 경우에
도 있지만 재정학財政學을 지배계급의 학문으로부터 해
방시킵니다. 이는 '가치중립성'이 대일본제국의 문맥 속
에서는 예기치 않게 학문의 자립성을 확립한다는 실천
적 의미를 갖게 됨을 가리킵니다. 원래 경제학은, 적어
도 시민사회 속에서는, 말하자면 가장 객관적인 법칙성
을 붙잡기 쉬운 학문인 겁니다. 그럼에도 일본의 학문
사로부터 말하자면 그것은 바로 사회정책학파에 들러
붙어왔던 것입니다. 때문에 그것으로부터 해방되어 경

• **56** 오우치 효에(大內兵衛, 1888~1980), 마르크스주의 경제학자로 전
공은 재정학이다.

제학의 학문적 자립성을 확립하게 되는 때 마르크스주의가 그것을 위한 도구가 된다는 역설적 역할이 성립했습니다. 동일한 것이 바깥의 다른 영역에서도 가능할지 묻는다면, 그것은 불가능합니다. 예컨대 정치학의 자립성을 확보하려고 해도 불가능해요, 마르크스주의로서는. 이는 매우 우연한 일이지만 내가 정치학을 하면서 마르크스주의에 찬성할 수 없었던 지점이 바로 거깁니다. 이데올로기와 이론의 관계를 알 수 없었습니다. 그것은 매우 고급한 이론 구성으로서는 어딘가에서 이론화되고 있을지도 모르겠으나, 적어도 내가 본 마르크스주의의 문헌에는 정치라는 것을 객관적으로 냉철하게 조망하는 리얼리즘이라는 것은 없었습니다. 그런데 경제학의 경우에는 그런 것이 있는 거죠. 그렇기에 강단 아카데미즘을 기반으로 하여 노농파가 번영했어요. 노농파 속에는, 자주 언급되듯이 '천황제를 말하면 위험하니까 [기피한다]'처럼 대단히 세속적인 부분도 있지만 역시 강단 아카데미스트로서는 학문의 자립, 즉 국가재정학으로부터 어떻게 사회과학으로서의 재정학을 확립할 것인가라는, 혹은 어떻게 사회과학으로서의 농업경제학을 확립할 것인가라는 문제도 포함되어 있었습니다. 그런 면들도 살펴보고 싶다는 느낌이 드네요.

후지타 지금의 설명에 저는 전면적으로 찬성입니다. 그

러나 여기서 감히 반론을 제출한다면 노농파는 역시 관
방학官房學으로부터 학문을 해방시켜 어쨌든 학문의 자립
성이라는 것의 획득을 시도했습니다. 그렇게 생각합니
다만, 또한 동시에 제국대학으로부터 학문을 해방시키
는 것은 끝내 불가능했던 점도 있습니다. 그것은 제국대
학에 소속되어 있거나 그렇지 않거나의 문제와는 전혀
다릅니다. 전혀 다르게, 즉 일본의 대학이라는 것이 가진
대학적이지 않은, 비대학적인 것에 대한 자각—선생님
이 『조류潮流』의 좌담회에서 지적했던, 전후 일본에는 아
카데미즘 자체가 없으며 저널리즘도 없다는, 그래서 양
쪽을 동시에 만들지 않으면 안 된다는 일본의 이중의 운
동 과제, 이를 거꾸로 인식의 레벨에서 말하자면 일본
사회가 가지고 있는 이중성이죠, 숙명적인—그 이중성
을 전혀 감지하지 못했다는 것이, 뜻하지 않게도 그들
학문의 문제성을 보여주는 게 아닐까 생각합니다. 즉, 관
방학으로부터 해방되면서도 제국대학 관방학으로부터
는 해방될 수 없었습니다. 따라서 대단히 정치적인 행동
양식이 있고, 그리고 그 정치적 행동양식을 학문에 빌트
인[built-in, 붙박이로 짜 넣음]시키고 있습니다. 서술 속에까지 빌
트인시키고 있습니다. 우노 씨에 이르러서는, 논쟁 태도
를 볼 때 그러한 사실이 분명해집니다.

마루야마 게다가 스스로가 눈치 채고 있죠. 그런 일에.

후지타 때문에 정치로부터의 해방은 대단히 기계적으로 했지만 학문적 행동양식, 즉 인식이라는 행동양식을 정치적 행동양식으로부터 절단한다는 것, 마루야마 선생님이 몇 해 전부터 하신 주장입니다만, 그 절단을 시도하지 않는 지점에 노농파의 한 가지 근본적 특징이 있습니다. 선생님은 노농파가 자각하지 않고 우연히 가치중립성을 실행했다고 말하지만 노농파 쪽은 그것을 끝내 방법적으로 이해하는 것이 불가능했고, 반대로 강좌파 쪽이 야마다 모리타로를 통해서도, 오쓰카 히사오를 통해서도 가치중립성의 의미를 알게 된다는 역설이 생겨났습니다. 그 지점을 문제로 삼고 싶다는 생각입니다.

마루야마 그러나 그것은 현재의 평가이고, 역사적으로 본다면 역시 강좌파에 대해 좀 너그럽게 (웃음), …… 강좌파 쪽은 뒤죽박죽이 되는 면이 있는 거죠. 학문과 이데올로기가. (웃음)

후지타 강좌파라고 말하는 경우, 10년대의 쇄말화되고 타락했던 강좌파는 전부 뒤죽박죽입니다. 그러나 『강좌』 그 자체의 단계에서는 역시 훌륭한 준별이 있었다고 저는 생각합니다. 레벨의 구별이 정확히 있었다는 것. 그러나 그것이 왜 가능했는가에 대해 말하면…….

마루야마 [『강좌』의 단계에서는] 비합법 활동이 이미 없었다는 것.

후지타 그것이 하나. 그러나 그것만이 아니라 역시 일본의 전全 제국 체계를 토탈하게 대상으로 하고 싶다는 것.

마루야마 그런 것입니다.

후지타 때문에 모든 정치적 행동양식으로부터 인식적 행동양식이 해방되지 않으면 안 되게 되는 것이죠. 따라서 그것만이라면 제국의 관료체계란 조금도 부자연스러운 게 아닙니다. 때문에 베르트프라이하이트는 오히려 강좌파에 있지 노농파에는 없었던 것이 아닌가 하고, 마루야마 철학 내재적으로, 선생님의 설명에 대해 감히 반론을 제출하는 것입니다만…….

마루야마 한쪽의 공이 다른 한쪽의 죄가 되고, 한쪽의 죄가 다른 한쪽의 공이 된다는 관계가 조금은 있지 않은가 하는 느낌이 듭니다만.

후지타 네, 저도 그런 점이 있다고 생각합니다. 그리고 역시 학술 없는 일본의 제국대학을 처음으로 대학다운 대학으로 만든다는, 즉 제국대학과 들러붙어 있던 '제국'과 '학문'을 절단하는 작업은 분명히 오우치 선생 등의 노농파에 의해 이뤄졌다고 생각합니다.

마루야마 그리고 결국 노농파에서는 완전히 전향한 사람은 없는 거죠.

후지타 그것은 탄압이 엄격하지 않았다는 문제와도 상응합니다.

마루야마 아니, 나는 그렇게는 생각지 않아. 그것 역시 쇼와 12년(1937) 이후의 전향 문제예요. 즉, 인민전선 교수로 체포되어버린 이후 전향한 작자가 있는가……

후지타 예컨대 전후에 자유롭게 되었던 때의 전향을 보면, 노농파의 와키무라 요시타로인가, 그 사람은 처음부터 전향한 것 같지는 않은지요?

마루야마 와키무라 씨 등은 노농파가 아니라고 생각합니다. 그건 역시 '오우치파^{大內派}'였죠.

후지타 거기가 말이죠, 또한 노농파의 대단히 큰 특징이 아닐까요. 오우치 일가로 되어버리는.

마루야마 내가 노농파라는 것을 평가할 때 한쪽에 염두에 두고 있는 것은 전쟁 중의 강좌파, 특히 히라노 요시타로[57] 씨예요, 뭐라 해도요. 다른 한쪽 사키사카 이쓰로[58] 씨는 농사일을 했고, 우노 씨 역시 별달리 이렇다 할 것은 없죠. 물론 오우치 씨는 틀어박혀 『결전하의 [여러] 사회과학』^[1944, 공저] 등에서 자기와는 전혀 다른 오코치 가즈오[59] 씨나 오쓰카 씨를 최대로 평가하고 있는……

- **57** 히라노 요시타로(平野義太郎, 1897~1980), 마르크스주의 법학자, 중국연구자, 평화운동가.
  58 사키사카 이쓰로(向坂逸郎, 1897~1985), 마르크스주의 경제학자, 사회주의사상가.
  59 오코치 가즈오(大河內一男, 1905~1984), 경제학자로 전공은 사회정책학이다.

후지타 그것은 이미 잘 알고 있습니다. (웃음)

마루야마 강좌파의 나쁜 쪽은 어디로 가버렸는지 모르겠네.

후지타 그것은 재생산론이기 때문에 거꾸로 매우 악화되어 총력전에 깊숙이 관계되어 들어간다는…….

마루야마 나도 이론적 심퍼시[sympathy, 동감·공감]는 분명히 강좌파에 있지만, 거기가 실천으로서 걸리는 겁니다. 나는 사키사카 씨와 거의 공통점이 없지만, 그리고 그는 이쪽이 좀 모럴리즘[moralism, 도덕주의]이라고 할지도 모르지만…….

후지타 그 점에서 저는 선생님에게 완전히 찬성합니다. 강좌파라도 타락한 강좌파가 아닌 사람은, 예컨대 히라노 씨 같은 이들보다도 오우치 선생을 훨씬 높이 평가하고 있습니다. 쇼와 13년(1938) 12월 저 맑고 차가운 하늘 아래서 오우치 선생이 체포되던 때, 타락한 강좌파가 하늘을 우러르며 무슨 일 있느냐는 듯 굳센 모습으로 강의하면서 일부러 포즈를 취하고 경시청 앞에서 사진 찍고 다음 날 『아사히朝日』에 실린 것에 무한히 북돋워졌다는 건 잘 알려진 일이지요. 저는 그렇다고 생각합니다.

마루야마 때문에 좀 전에 말했던 것을 이어 말하자면, 바로 경제학주의라는 것은 생산관계주의라서 생산력주의와는 정확히 반대인 겁니다. 생산관계주의이기에 생산

관계 자체 속에 매우 정치적이랄까 경제 외적인 것이 들어오는 것이죠. 이에 대해선 역시 그것은 경제가 아니라는 감각을 갖는다는—생산관계주의의 좋은 면이라고 해도 이상하지만 경제학주의의 좋은 면이 드러나고 있다고 하더라도, 그건 경제가 아니라는 감각 또한 있는 것입니다.

후지타 그다음 또 하나, 좀 전의 전향과도 관계됩니다만, 사고방법 그 자체에 일정한 근거가 있는 것처럼 생각됩니다. 강좌파의 경우로 말하자면 생산력주의라고 말했던 이론적 측면이 아니라 재생산과정을 전체적으로 문제 삼는다는 사고방법이 있죠. 따라서 역전된 경우에는 오직 전체적으로 역전되는 것 외에 부분적 양보라는 수단은 없습니다. 사물의 사고방식이 무너지는 때엔 전부적으로 돌리게 됩니다. 그런데 노농파 쪽은 변증법적이지 않으니까 사상사의 대상으로서는 실로 재미없는 것임에도 대단히 연속성이 있어서, 오우치 선생처럼 천황폐하를 배알하여 감격하는 측면과 학문의 측면이 서로 모순 없이 부분적 양보로써 마무리됩니다.

마루야마 그것은 내가 말하는 경제학주의인 거네요.

후지타 네, 맞습니다. 경제학주의로부터 발생해 나오는, 그래서 부분적 양보가 가능해집니다. 이 점에 대해 강좌파 쪽은 이론적으로 설명하진 않았지만 본능적으로 노농파의 그런 개량주의적 측면을 포착하고 있습니다. 그리고 혁명의 오소독시의 입장에서 노농파를 준엄하게 거부한다고 생각합니다. 사실의 스테이터스[status, 지위·상태] 쪽에서도 노농파에는 대학 칙임관 교수가 즐비하게 있었고 강좌파는 자진하여 농촌으로 들어가게 되는 것이니까, 점점 양자의 적대 관계는 [감정이 섞여] '이 새끼가'와 같은 식이 됩니다. 마치 중신 리버럴에 대한 청년 장교의 적대 관계 같은 것이 나오는 거라고 생각합니다, 사고법 그 자체 속에. 때문에 한쪽에서는 연속성이 확보되기 쉽고 다른 쪽은 전향한 경우 대단히 악질적인 전향의 가능성이 나옵니다. 이 단계에 관해 선생님이 말씀하셨던 것은 전부 그 말씀대로라고 생각합니다. 그러나 첫 번째의 발기점으로 돌아왔을 때, 저는 그런 상태에 원전복귀주의, 문헌주의적 복귀주의라고 이름 붙임으로써 어떤 일면은 찌를 수 있다고 생각했습니다. 예컨대 가와카미 하지메와 구시다 다미조라는 최초의 출발점을 생각해보면, 가와카미 씨는 '수양주의'로부터 출발해 무아無我의 뜻을 기어서 빠져나가는 고심참담苦心慘憺을 살아가는 인물이죠. 사람으로서는 그런 끈덕진 이를 저는 별로 좋아하지 않지만요. 때문에 경제라는 것은 일부분에 지나지 않는 것이고 따라서 재생산론이 되지 않으면 안 되었다고 생각하는 겁니다. 결함이 있을지라도 가와카미 하지메 씨로부터 선구적 형태를 부여받았다는 식으로 평가하는 것은 당연하다고 하더라도, 가와카미 선생에게 어떤 방법적 의식이 있었다고는 생각하지 않습니다. 이에 대해 구시다 씨는 가와카미 하지메의 『빈곤 이야기貧乏物語』[1917]에는 귀언마어鬼言魔語가 없는 대신에 선화도화善話導話가 가득 차 있다고, 즉 모럴리즘밖에는 없지 않은가라는 식으로 비판합니다. 때문에 구시다 씨 쪽에 훨씬 더한 학문적 정신 혹은 인식의 엄정함이라는 것이 있습니다. 그런 사정은 원전이란 어디에 있는가라는 물음을 끝까지 밝혀내는 정신이 구시다 씨 쪽에 있는 데 대해 인간은 어떻게 살 것인가 하는 생활주의, 말하자면 규범적 생활주의가 가와카미 씨 쪽에 있다는 점에서 연원합니다. 때문에 그 두 사람 사이에는 칸트의 실천이성과 인식의 정신이라고 말해도 좋을 문제가 있습니다. 구시다 씨는 노농파가 아니지만 이후 노농파가 구시다 씨에게 되돌아가려 했던 경향을 본다면 역시 원전복귀주의라고 말해도 좋지 않을까 합니다. 최초의 발기점에 관해서는 지금 말한 것처럼 유보를 표하는 것이지만, 그럼에도 선생님이 연달아 말씀하셨던 의문은 말씀 그대로라고 생각합니다.

마루야마 아무래도 나의 실감으로는 구시다 다미조라는 유형과 이노마타 쓰나오라는 유형이 있습니다. 이노마타 씨 쪽은 교조주의적인데도 구체적이죠. 즉, 교조주의를 현실에 적용해가는 거죠. 예컨대 다카하시 마사오[60]라는 인물은 그쪽에서 나옵니다. 그다음 다른 쪽, 구시다 다미조 다음에 구루마 사메조[61] — 구루마 씨가 노농파라고 하면 심하지만, 뭐 구루마 씨, 그에 이어 우노 고조 씨가 됩니다…….

후지타 그건 좀 다르다고 생각합니다. 구시다, 구루마와 우노 씨 사이에는 단절이 있습니다. 구시다, 구루마, 이는 정말로 원전복귀주의가 기모노를 입고 있는 듯해서 자기 한정의 정신은 상당합니다. 때문에 야마카와 히토시적인, 오우치 효에적인 측면, 즉 정치적 리얼리즘—여기에 애초 노농파라는 이름의 연유가 있는 것이지만—은 없습니다. 이 원전복귀주의와 정치적 리얼리즘 사이에 이노마타 쓰나오적 계열이라는 것이 있습니다. 이노마타 씨는 매우 청빈한 가운데 전쟁 중 돌아가셨던 듯하고 훌륭한 분이었던 듯하지만…….

마루야마 나는 오모리 요시타로[62] 씨도 그 계열에 들어간다고 생각합니다. 최후까지 저항해 저널리즘에서 글을 쓴……. 그 또한 교조주의인데도, 완전히 레닌주의인데도

• **60** 다카하시 마사오(高橋正雄, 1887~1965), 종교가, 철학자, 교육자.
　61 구루마 사메조(久留間鮫造, 1893~1982), 경제학자.
　62 오모리 요시타로(大森義太郎, 1898~1940), 마르크스주의 경제학자.

끊임없이 현실과 대결했고 그래서 숨지게 된 거라고…….

후지타 그리하여 그 타락 형태가 다카하시 마사오였고 그 사이에 원쿠션[one cushion, 완충적 단계]을 넣어 제1단계의 구시다·구루마적 타락 형태가 우노 고조라고 저는 생각하는 겁니다.

마루야마 전후군요. 그렇다 해도 전전, 전중은 어떨까.

후지타 저는 전전의 업적에서도 그렇다고 생각합니다. 예컨대 오쓰카 선생은 우노 고조 씨에 대한 비판에서 출발했던 것이죠. 그것에 대한 대응은 구시다·구루마 사이의 그것과 대조적입니다. 구시다 씨와 구루마 씨의 주고받기에 관해서는 『구시다 다미조 전집』을 참조할 수 있습니다. 거기를 보면 실로 엄격한 학문적 정신이 있습니다. 비판을 받고, 생각하고, 저항하고 또 저항하고, 그 마지막에 상대의 비판이 적중하고 있다고 생각하면 실로 훌륭한 자기비판을 시도하는 것이죠. 그렇다, 자네가 말하는 대로다, 하고. 이는 우노 씨에겐 볼 수 없는 것입니다. 17세기 중상주의에 관한 전시기 오쓰카 선생의 저 훌륭한 비판―선생은 일본에서 읽을 수 있는 모든 문헌을 읽고 있는 것이죠, 현물로. 우노 씨 쪽은 아무것도 읽지 않고 있는 거예요. 그는 말하자면 중상주의라는 이름만으로, 머컨틸리즘[mercantilism]이라는 이름만으로 모든 걸 해치워버리고 있는 겁니다. 그는 그렇게 비판을 당하고도 절대 승복하지 않고, 부분적으로조차 승복하지 않고 이후에는 원한뿐인 거죠. 모든 것에 대립하죠. 그런 태도와 구시다·구루마적인 행동양식과의 대조성을 생각하면 우노 씨는 전쟁 중에 타락하고 있었다고 말하지 않을 수 없습니다. 한쪽은 실로 공명정대합니다. 인간관계 같은 것을 개입시키지 않는 겁니다. 그런 부분을 오우치 선생이 계승했고 가와카미 하지메의 『빈곤 이야기』를 높이 사는 것입니다.

마루야마 그러나 그렇게까지 말한다면 강좌파는 좀 더 문제일 거야.

후지타 좀 기다려주십시오. 제기된 그 문제를 선생님이 정밀화한 다음 강좌파로 그대로 옮기지 않으면 안 된다고 생각합니다. 그럴 것이 강좌파도 또한 『강좌』 그 자체의 획기적 의미와 그 타락 형태를 나눠 살폈던 것이니까, 노농파에 대해서도 그 획기적 의미와 타락 형태를 나누어 생각하는 것이 필요하다고 생각합니다.

마루야마 좀 전의 「보고」, 그것은 「보고」니까 추상화해서 말했던 것이겠지만 나는 오히려 보통의 상식적인 것을 말하고 있는 거예요. 역사적으로 말하자면 노농파의 긍정적 측면은 있습니다. 의도하지 않고서 저 가치중립성을 지향하고 그것을 마르크스주의와 결부시켰다는 점입니다. 최후까지 막스 베버를 허용하지 않는다는 것은 그 앞의 문제이지 역사의 문맥 속에는 역시 가치중립성을 지향한다는 것이 하나의 원동력이 되고 있습니다. 학문 형성을 목표로 했던 오우치 씨의 『재정학 대강大綱』과 그 이외에 포함되어 있는 그런 지향의 면을 전부 빼버리면 전체적 세계관이라는 것이 문제가 되지 않게 됩니다―무엇보다 전체적 세계관주의라는 것도 좀 곤란한 건가. (웃음)

후지타 제가 자주 연상하는 것은 독일의 경우입니다. 신칸트학파가 단호하게 반反나치였고, 거의 유일하게 한 사람도 나치로는 가지 않았습니다. 반대로 신헤겔학파는 거의 전부 나치에 동조합니다. 빈델반트[63]와 같이 존경하는 큰 선생이 칸트학파로부터 헤겔학파로 옮겨감으로써 수상해져버리는 그런 문제와 비슷한 것이 일본의 경우 앞선 전향 문제와의 관련이지 않겠습니까. 그리고 노농파 쪽은 원전주의로서 형식적 정합성과 스콜라학 쪽이기에, 즉 다이너미즘을 결여하고 있는 까닭에 일본 파쇼에 동조하지 않습니다. 부분적으로 양보는 하더라도 동조는 하지 않습니다. 강좌파 쪽은 역시 칸트학파로부터 헤겔학파로 옮겨갔던 것처럼 헤겔학파 계통이니까 현실에서 토탈한 무한에 쑤욱 들어가버립니다. 한쪽의

- **63** 빌헬름 빈델반트(Wilhelm Windelband, 1848~1915). 철학사가, 신칸트학파로, 칸트의 '비판'을 철학사론의 방법으로 재정의했다.

노농파의 타락이라는 것은 미노베 료키치[64]와 같이 교조주의적인 까닭에 안보조약이 있는 이상 원자력 잠수함이 기항하는 것은 당연하다는 로직[logic, 논리]이 나오고, 부분적 양보를 무한히 거듭함으로써 결과적으로는 전면적인 굴복에 이릅니다. 강좌파가 경계해야 했던 것이 드라마틱한 역전과 재주넘기였다고 한다면, 노농파의 경우는 극적이진 않지만 한 발 한 발 조금씩 내려가 마침내 씨름판 밖으로 나갔다는…….

마루야마 우노 경제학으로부터 근대경제학으로의 이동, 그다음으로 일종의 테크노크라트[65]가 되어버리는 것은 그렇네요. 그러한 이동인 거라고 생각해요, 전후에 대해 말하자면. 그러나 전전은 이미 아리사와 히로미[66] 씨 등이 그렇네요.

후지타 그렇죠.

마루야마 때문에 그런 의미에선 또다시 노농파에 두 개가 있다고 생각하는 거예요.

---

64 미노베 료키치(美濃部亮吉, 1904~1984), 마르크스주의 경제학자, 정치가, 도쿄도지사(6, 7, 8대).
65 technocrat. 과학적이고 전문적인 지식, 곧 앎으로의 접근을 차단·조절함으로써만 앎의 지위를 유지하는 앎/권력의 소유 집단이다. 기밀적인 앎으로 통치권력의 의사결정에 힘을 행사하고 지반을 제공한다.
66 아리사와 히로미(有澤廣巳, 1896~1988), 통계학자, 경제학자.

자유주의에서의 정통과 이단

마루야마 그다음, 좀 전의 중신 리버럴리즘이라고 했었지만 일본에서의 자유주의 문제로 돌아가자면, 자유주의라는 것은 본래 어디에서도 '정통과 이단'이라는 발상에 가장 어울리기 어려울 거예요. 원리적으로 말해 정통과 이단이라는 발상 그 자체를 배제하는 것이니까. 그러나 일본의 경우 자유주의가 배제되어가는 과정에는 좀 전의 마르크스주의의 경우와 어떤 의미에서 동일해 보이는 유형적 분기가 나옵니다. 예컨대 가와이 에이지로[67] 씨같이 '교조주의적' 자유주의가 먼저 배제되고, 이후에 남게 되는 것은 기요사와 기요시[68] 등이 말하는 '마음의 준비'적인['마음가짐'의] 자유주의입니다. 마음의 준비 하나로 지켜나가려 했었지만 그것 또한 배제되고 맙니다.

후지타 행동양식으로 드러나니까, 결국⋯⋯.

마루야마 그러면 역시 배제되어버리죠. 어떤 점에서는 바

• **67** 가와이 에이지로(河合榮治郞, 1891~1944), 사회사상가, 경제학자. 제2차 세계대전 전야의 자유주의 지식인.

68 기요사와 기요시(淸澤洌, 1890~1945), 저널리스트, 평론가. 전시기 외교와 미일 관계의 평론으로 알려졌고, 태평양전쟁기의 일기인 『암흑일기』로 유명하다.

바 쓰네고[69]도 그렇습니다. 이에 비해 일종의 대일본제국 정통자유주의가 있어서, 이는 최후까지 살아남아 무한 상황적응주의와 같이 됩니다. 관료 속에 있는 리버럴이라는 것은 대체로 그렇죠. 결코 파쇼는 아니지만 뭔가 문제가 있는 듯한 느낌이에요, 자유주의의 문제로서는.

후지타 가와이 씨가 배제되는 것은, 규범체계화하고 있기에 결국 언동으로 드러나는 거고, 그래서 당합니다. 기요사와 쪽은 내면화한 까닭에 행동양식의 구석구석으로 드러납니다. 이것도 배제됩니다. 그래서 결국 중신 리버럴같이 잠자코 싱글벙글 쳐다보면서 전부를 관용하는 것이 남게 되는 거죠.

마루야마 나는 규범이라고는 말하지 않았어요. 즉, 규범주의는 여러 가지가 있는데, 난바라 시게루[70] 선생 역시 그렇습니다. 가와이 씨의 것은 마르크스주의에 대한 대항물이죠. 마르크스주의의 세계관주의, 그것을 뒤집어 자유주의에 적용했기 때문에 융통성이 통하지 않게 됩니다. 그런 것이었으므로 체계주의인 겁니다. 규범주의라기보다 이론체계주의.

• **69** 바바 쓰네고(馬場恒吾, 1875~1956), 저널리스트, 정치평론가, 실업가.

70 난바라 시게루(南原繁, 1889~1974), 정치학자, 전후 일본에서 문화공동체론을 주장했다.

후지타 말의 문제겠지만 저는 규범주의라고 말했던 게 아닙니다. 정확히 말하면 체계화한 까닭에 규범화하여 기능한다는 겁니다.

마루야마 그것은 마르크스주의의 도식성과 공식성을 자유주의의 장에서 훌륭하게 표현하고 있는 희귀한 것이에요. 원래 그러한 것은 공식적 자유주의의 나쁜 의미를 —나쁘다는 것은 이론적으로 봐서 그렇다는 것이지만—표출하는 것이라고 생각합니다.

후지타 그것은 도식이 아니라 도표인 거죠.

이시다 따라서 정통 속에서 약간의 문제는 다뤄야만 하겠죠. 난바라 선생의 논문집에 '기분적 자유주의'라는 말이 사용되고 있는데 그것은 정확하지 않은 것입니다. 자유주의라는 것은 제도의 문제가 아니라 인간 태도의 문제라고 말하는 사고방식이지만, 그것으로 역시 제동이 걸리게 됩니다. 그런데 '무한 상황적응형 자유주의'라는 것은 그러한 자각이 없는 겁니다.

후지타 저는 그렇지 않다고 생각합니다. 그런 자각이 없다고 해도, 거기를 개념적으로 나누기 위해서는 역시 프레임 오브 마인드가 필요합니다. 프레임이라는 거죠, 마음의 프레임인 겁니다. 이 프레임이 있는가 없는가를 기준으로 나눈다면 좋을 것이고, 그 점에서 '기분적 자유주의'라는 것은 상당히 좋다고 생각해요. 자기가 자유라

고 감지하기만 하면 만족하는 거죠. 어느 한편은 불만족
인, 즉 자기비판이 있을 수 있는 것이죠, 프레임이니까.
때문에 자기비판 능력이 나오는 것과 나오지 않는 것의
차이이고, 역시 도표보다는 오히려 어떤 의미에서 강인
함이죠.

마루야마 그러나 그것 또한 역사적으로 말하면 예컨대
무샤노코지 씨라든가 그쪽 안에 있는 기분 차원의 자
유주의가 하나일 것이고, 그 외 일본에 있는 리베르탱
[libertin, 자유사상가·무뢰한]이랄까, 이단과 유동적인 것이 있는
거예요, 기분적으로.

후지타 쓰지 준[71].

마루야마 응. 쓰지 준이라든가, 그러한 리베르탱의 경향
이지요. 이 또한 어떤 의미로는 기분적 자유주의죠, 이데
올로기로서의 자유주의가 아니라. 그러한 것은 근대 일
본에 하나의 흐름으로서 꽤나 있습니다. 정치적 역할은
여러 가지였다고 생각되지만 그런 것들을 우리의 공동
연구 속에 어떤 식으로 자리매김할 것인가.

이시다 그 어떤 것, 예컨대 쓰지 준 등의 경우는 오히려
'은둔' 범주의 하나로…….

• **71** 쓰지 준(辻潤, 1884~1944), 번역가, 사상가. 일본 다다이즘의 중
 심적 인물 중 하나. 1932년 정신병이 발작했다.

후지타 뭐, '은둔'이지만 매우 내면적인 은둔이니까, 내면이 은둔했기 때문에 '부랑화'해요. 『부랑만어浮浪漫語』[1922]라는 것이 그의 주저인데, 그렇게 부랑화합니다. 그다음 또 하나의 흐름은 오스기 사카에로부터 오는 것인데 '소요'가 불가능하게 된 때에 '부랑화'합니다. '만어[쓸데없는, 시시한 이야기]화'라고 말해도 좋습니다. 때문에 소요가 행동의 가능성을 폐쇄당했을 때 나오는 그러한 리베르탱의 경향과, 좀 전에 얘기했던, 이전부터 흘러들어오는 은둔의 내면화에 의해 '부랑화'하는 경향, 이 양자의 결합체로서의 쓰지 준 등이 있다고 생각하는 것이죠. 이에 대한 동경이라는 것이 이른바 '이단 취향'인 겁니다.

마루야마 맞아, 맞아. 때문에 상당히 중요한 거라고 생각해요. 그것이 어떤 의미로는 일본에서의 자유라는 것의 오소독시이기 때문에.

후지타 그것은 저의 이단론 부분에서 다루지 않으면 안 되겠네요.

마루야마 일본의 자유라는 것 속의 오소독시―거기가 서양의 자유와 상당히 다른 지점이지요. 컨스티튜셔널리즘[constitutionalism, 입헌주의·입헌정체]이라는 것에 매개되지 않는.

후지타 제도화를 위한 합리화의 계기를 잃었습니다. 때문에 불교와 들러붙고 노장老莊과 들러붙는 것이죠.

마루야마 아나키즘과도……. 따라서 기구機構라는 것과의 대결이 없죠, 일본형 아웃사이더에게는.

후지타 그 아웃사이더의 문제라는 것을 다이쇼 시대의 또 한 가지 유형으로 넣지 않으면 안 되겠군요.

마루야마 프레임이 없는 것, 제도가 없는 것을 자유라고 파악하는 방식…….

후지타 '수육受肉'이라는 것이 없는 거죠. 역시 '치도治道'가 먼저 있는 것이니까, 즉 인카네이션[72]의 욕구가 일어나지 않기 때문이죠.

마루야마 나는 그것이 대일본제국 해체의 물리적 결과라고 생각합니다. 때문에 메이지적 질서가 해체된 이후, 말하자면 그 리플렉스[reflex]로서, 반사反射로서 다이쇼 시기에 나옵니다.

후지타 따라서 대단히 본능주의적이죠.

마루야마 그것과 오스기가 어느 정도 공동전선에서…….

후지타 네. 오스기를 우러러본 사람들이 역시 쓰지 준을 상당히 동경했던 것이죠. 매우 유토피아적이 됩니다. 유토피아상像을 형성하지 않았는데 왜 유토피아적이 되느냐면, 그것이 제도 일반으로부터의 해방이었기 때문이죠. 거꾸로 말하면 제도 일반으로부터의 해방이 아니라

• **72** incarnation, 성육신(成肉身). 신적인 존재가 구체적이고 물질적인 육체로 구현됨을 뜻한다.

먼저 일본의 제도의 특수성을 문제로 하고 그 제도를 바꾸는 일에 어떤 제도를 가지고 임할 것인가 하는, 그런 발상은 나오지 않는 것입니다.

'전후'의 '제도'와 '상황'

마루야마 최종적으로 '전후'에 대해 어디까지 언급할 것인가는 별도로 하고,「보고」에서 잘 알 수 없는 것이 있는데, 패전으로 체제 전체가 정리되었다고 말하는 것입니까, 말하자면 전부 다 벗겨져버렸으니까. 그런 이후에 사상과 실천의 통일이 나올 수 있었다는……

후지타 그렇게 말한 것이 아니라 한편에 '일소一掃'가 있다는 것이죠. 일대 쇼크를 받고 한번 일소되어, 따라서 한순간의 차이임에도 그사이에 정신적 거리를 갖고 지금까지의 자기 모습을 객관적으로 조망하는 '열린 눈'이라는 것이 거기서 나옵니다. 때문에 구조적으로 포착하는 것이 가능했습니다. 그것이 '사상과 실천의 통일'이었다는 겁니다. 물리적 현상이 아니라 그것이 조건이었던 것이죠.

마루야마 이후 그것이 당黨 속에서 다시 부활하게 되었던 것은 어떤 식으로 연결되는 겁니까?

후지타 그 단계는 당의 문제가 아니죠. 국민적 자기비판

의 문제입니다. 그것을 무엇보다도 결집하고 있던 것이
당이었습니다. 그런데 이후 당 또한 커지게 되고 본래
가 정치적 이데올로기여서 거기서 '통치治統의 우위'라는
것은 끝내 변혁되지 않았던 거죠. 그 전에 이스태블리
시먼트[establishment, 지배계급·기득권층 또는 기관·질서의 정착]가 완성
되어버린 겁니다, 일본 정치사회 전체로서도, 일본 사회
전체로서도. 그것에 대한 대항집단 측에서도 똑같이 적
敵을 흉내 낸 하나의 이스태블리시먼트가 완성되었습니
다. 그때 정신적 자기비판이라는 것이 들어 있을 문제
적 차원이라는 것이, 애초에 '통치의 우위'가 있는 것이
었기에, 당 내부에서의 전향자 처리 문제 같은 것까지
도 모두 포함해버리게 됩니다.

마루야마 그러나 그것은 전후에 상당히 빨랐던 거죠.

후지타 빨랐다 하더라도, 그 문제와 별개로 국민적 자기
비판이 상대하고 있던 것은 무엇이었느냐 하면 쇼와 7
년(1932)의 『강좌』와 그 이후 그것을 계승하고 있는 사
람들이었고, 그것이야말로 제 경우에 의거해 말하자면,
오쓰카 히사오나 마루야마 마사오에 이르는 발전·계승
의 체계였으며, 때마침 그 실천의 장으로서 당이 있었던
것입니다. 그런데 '당' 제일주의로 거기를 빠져나갔던 이
들은 '통치'주의로 가버렸으니까 쇄말주의가 그대로 남
습니다. 그러나 그럼에도 전후 수년간 일본 사회의 압도

적 흐름은 국민적 자기비판의 삼위일체가 생활화되고 있는 듯한 그런 상황이었습니다. 게다가 당 또한 규제되고 있다고 생각하는 것이었죠. 그런데 그것이 한번 진정되고 사회가 이스태블리시되면 그러한 에너지가 합리화된 경영관료제 속에 흡수되어가고 그 순간, 남아 있던 당 또한 '통치의 우위' 아래에서 구성되고 있던 코민테른적 체계 속으로 편입되어갑니다. 그래서 결국엔 고립되는 것이죠. 국민적 자기비판의 삼위일체 쪽이 고립되어가는 겁니다. 그리고 쇼와 10년대의 쇄말주의 쪽은 그대로 당에 이월됩니다. 그것이 당 주변의 여러 문제 속에서 '부활'하는 것처럼 드러납니다. 실제는 연속되고 있던 겁니다, 그 자체 속에서. 그러나 물론 일본 사회 전체의 문맥 속에선 그것이 '부활'하고 있었던 것이 되는 게 아닐까 합니다…… 조잡하게 말한다면.

그리고 하나 더. 20년간 이어서 하게 되면 어떠한 경우에도 역시 여러 가지 '때垢'가 끼고, 흔히 말하는 인연·고사·내력因緣故事來歷이라는 것이 그 시간을 끼고 돌아옵니다. 그 인연·고사·내력이 하나하나 행동을 제어·속박制縛하거나 인간관계를 규제하게 됩니다. 자기비판의 짜인 틀이 있다면 다르겠지만 그런 것이 없어 내면적 청산을 하지 못하면 무한히 제어·속박됩니다. 때문에 결국 '부활'이라는 면과 그런 '제어·속박'이라는 면, 이 양쪽의 상승작용이라는 것이 있지 않을까 합니다.

마루야마 그런 사정을 조금 벗어나 전후를 좀 더 일반적인 형태로 보면, 자주 '제도와 상황'이라고 말하죠. 그 개념을 사용해 말하자면 '전후'는 '반半제도·반半상황'인 거죠. 곧 '제도'가 '상황'에 의해 침투되고 '상황'이 '제도'에 의해 침투됩니다. 따라서 그것을 전부 상황의 면으로부터 말하면 전前 유사혁명적 양상을 보입니다. 즉, 거듭 혁명 전야에 있는 것입니다. 지배층은 이제 당장이라도 적기赤旗가 나부낀다고 거듭 생각하는 겁니다. 좌익의 입장에서 본다면 이번엔 전부가 제도화되어버려서 그에 따른 좌익의 상당한 초조감 속에선 언제라도 파시즘의 위기가 있는 것이 됩니다. 즉 '제도'가 빈틈없이 딱 맞지 않으니까, 제도와 상황의 경계가 없어서…….

후지타 운동까지 제도적 이미지로 운동하고, 제도 쪽까지 운동 이미지로…….

마루야마 제도 쪽이 뭔가 질척질척해서 충분히 기화氣化되지 않고 있습니다. 즉, 그런 의미에서는 이스태블리시먼트가 확실한 것이 아닙니다.

후지타 아니, 그러한 이스태블리시먼트인 겁니다.

마루야마 맞아, 맞아, 그거라면 좋아요.

후지타 그것이 그대로 고정되어버렸다는…… 어쩔 수 없다고 말하는 것은 그러한 것이죠. 구별만 있다면…….

마루야마 나는 '유사혁명'적 양상과 '천하태평'적 양상이라는 것이 사물의 표리라고 생각하는 거죠. '천하태평'이라는 것은 전체 제도 면에서 보는 것입니다. 때문에 '자칭 이단'은 초조해지고 어차피 소용없는 것이 되어버리죠. 지배계급 쪽은 '유사혁명'적 양상에 적기가 더욱 높이 선다고 놀라 당황하고 맙니다. 이는 '정통·이단'을 벗어난 것이 되어버릴지라도, 전후 상황이라는 것은 그런 사물의 표리가 통일되는 게 아닐까 하는 느낌입니다.

후지타 그렇네요. 재미있습니다. 저도 그렇게 생각합니다.

마루야마 즉 '유사혁명'적 양상을 뒤집어 말하면 '천하태평'적 제도가 된다는 것, 따라서 이 '유사혁명'적 양상을 변혁시켜가는 것이 혁명이 된다는 것, 거꾸로 말하자면 그것은 동시에 '천하태평'을 전복시키는 겁니다. 그런데 보통은 '천하태평'에 대립하는 쪽은 '유사혁명'을 말하기 때문에 '천하태평'적 구조를 전복하는 것이 되지 않습니다.

후지타 따라서 '부랑만어'적인 소요가 되어버립니다.

마루야마 역시 일본국헌법이 정착하지 못한다는 것은—이것은 권력 측의 사정으로, 국민 사이에는 정착되고 있는 것이었지만—곧 제도가 제도로서 단단히 되지 않고 제도가 상황화하고 있다는…….

후지타 운용이 자유였다는…….

마루야마 그것이 전후의 상당한 특징이 아닐까 생각하고 있는 겁니다. 반대 측에서는 '제도', '제도'라고 자주 말하죠.

후지타 제게 그 지점은 오규 소라이[73]의 『정담政談』의 논의를 연상시킵니다. 그가 막번 체제를 '제도 없는 사회'라고 말할 때 [반대 측의 논의가] '격格'이라는 것은 있지 않은가 하고 답하는 것에 대해, '격'이라는 것이 진실로 '제도'일 수 있는가, 그것은 제도가 아니라 '자연自然'이 된, '풍속'의 덩어리에 지나지 않는 것이 아닌가라고 소라이가 응답할 때, 그것은 위의 문제였다고 생각하는 겁니다.

마루야마 따라서 '작위作爲'하지 않으면 안 된다는 것을 말한 거예요, 소라이는. 전후에 점령 체제가 관료제를 온존시키고자 하는 것, 사회학적으로 말하면 거기에 최대의 문제가 있다고 생각해요. 그렇게 관료제가 온존하게 되면 관료제의 비헤이비어[behavior, 행동·태도·행의(行儀)]라는 것이 가장 연속성이 있게 됩니다.

후지타 좌익의 운동 측으로부터 말씀드리면, 역시 전후는 '해방'이고, 또 '민주화'이지만, 자주적 '혁명'은 아니

• **73** 오규 소라이(荻生徂徠, 1666~1728), 에도 시대 중기의 사상가, 문헌학자, 유학자. 소라이학의 원천.

었던 것이죠. 그런 의미에서는 '반^{半}혁명'이죠. 좌익은 그 '반혁명'을 '혁명'이라고 생각했고, 따라서 저는 2·1 스트라이크[74]도, 그것을 계획했던 쪽도 잘못되었다고 생각하는 거예요. 사이토 이치로와 같은 '소요'파는 그 파업으로 공산당이 배신했다고 말하지만, 그렇지 않았으니 역시 정확한 인식 위에 서 있지 못했던 것입니다. '반^{半}혁명'을 '전^{全}혁명'으로 간주해버렸던 것이죠. 아까 선생님의 표현으로 말하자면 반분^{半分} 상황화하고 있는 것에 불과한 것을 통째로 상황화된 것으로 파악해버린 것이죠.

마루야마 나는 전후의 어떤 시기로부터 이후 그런 식으로 생각하게 되었습니다. 때문에 '제도의 물신숭배'라는 것은 말하지 않게 되었죠.「스탈린 비판의 비판」,[「세카이(世界)」 1956년 11월호]에 썼습니다만, 애초에 그런 것은 없었던 거죠. 제도가 반분 융해하고 있었으니까.

이시다 때문에 그것도 '유사제도'네요.

후지타 그런데 공산당 속에서만큼은 역시 있는 거죠, 그 '제도에 대한 물신숭배'라는 것이. 하지만 당에 대한 그런 물신숭배도 최근에는 내면적 정초를 갖고 있지 않습니다. 따라서 문자 그대로 '물^{物}숭배'죠, '신^{神}'이 빠져 있

• **74** 1947년 2월 1일에 실행을 계획했던 국제 파업으로, 실행 직전에 연합군 총사령관 맥아더에 의해 중지되었다. 전후 일본의 노동운동에 큰 영향을 미쳤다.

는 겁니다. (웃음)

마루야마 아니, 나는 그걸 집단숭배라고 말하고 싶습니다. 그 속에서 서로를 돕는 인간관계이고, 그러한 '당'이기 때문에 '제도'가 제대로 정돈되어 있다고 할 수 있을지 없을지.

후지타 없습니다. 그도 그럴 것이 거기에는 '신'이 빠져 있으니까. 따라서 집단숭배입니다. 집단과 가치가 일치하고 있습니다.

마루야마 그 점은 러시아 쪽 '기구機構신앙'이에요. 그것도 나쁘지만, 위의 것과는 다릅니다.

후지타 다르죠. 이쪽은 분명히 '기구'에 대한 자각이 없습니다.

마루야마 기구가 자기운동하는 데까지 가지 않습니다. 단지 인간관계만이 질질 지루하게 허물어져갑니다.

후지타 때문에 규범성이 없고, 노마 히로시[75]만 제명하지 않는다거나 하는 일이 자주 일어나는 겁니다. 동일한 일을 했어도 인간에 의해 판정이 달라지는…….

마루야마 따라서 상황 쪽 또한 '인간관계'로서, 홉스가 말하는 '자연 상태'가 되지 않습니다. 그러나 혹시 이미지네이션[imagination, 상상·가상]을 환기하고 '자연 상태'를 만들

• **75** 노마 히로시(野間宏, 1915~1991), 소설가, 평론가, 시인.

어낸다면 목적에 따라 여러 사람과 결합하는 것이 가능할 겁니다. 즉 '운동' 쪽에서는 좀 더 가능한 것이죠.

후지타   물론 그렇습니다. 다만 지금의 일본 사회는 '내분[內紛]사회'죠. 모든 부분에서 '내분'이 일어나고 있습니다. 바깥에서는 보이지 않아도 일정한 집단에 속해 있는 자에게 일본 사회는 자연[적인 것]으로 이해됩니다. 문명사회에서는 개인의 자유의식이 좋든 싫든 확립되니까 오히려 집단 내부의 분열은 자연스럽다는 사고방식이 있는 건지도 모르겠습니다만, 제가 말하는 것은 그런 것이 아닙니다. '분열'이라면 차라리 좋은 겁니다. '내분 사회'라는 것은 분열이 아니라 '내분'이라는 데에 문제가 있다는 것이죠.

마루야마   분쟁이 공적으로 표면화되지 않죠.

후지타   그렇습니다. 그런 사회에서는 지금 선생님이 언급한, 상황화하고 있는 측면과 제도화하고 있는 측면이 포개지고 있습니다. 때문에 다툼은 모두 내분이 되고 마는……

마루야마   하지만 '제도'라는 것은 분쟁 해결을 위해 있는 것이죠.

후지타   따라서 '상황'이 분명히 있으니까 '제도'가 있는 것이고, 즉 '자연 상태'이기 때문에야말로, 홉스는 아니더라도, 바로 그 자연 상태에 대한 대응물로서 '제도'가 나옵니다. 그런데 내분사회에서는 제도와 상황이 유착하고 있는 것이죠. 따라서 '반^{反}'이라는 것 또한 곤란한 게 아닐까요.

마루야마 때문에 나는 '유사'가 좋다고 생각해요.

후지타 네, '유사'가 좋네요.

마루야마 따라서 '유사혁명'적 양상과 '유사제도'적 양상이 유착하고 있습니다.

이시다 좀 전의 인상이네요. 전후의 실감으로서는 그런 것이라고 하겠지만 전후의 정신 상황 부분에 대해선 음정이 지나치게 높은 게 아닐까.

후지타 그것은 고의로 그런 거랄까, 무리해서라도 말하지 않으면 언제까지라도 말할 수 없게 될 거니까…….

마루야마 '외골수 실천'이라는 것이 '쇄말주의'가 되는 경우, 그 '쇄말주의'라는 것은 어떤 것입니까? '쇄말주의'에도 여러 가지가 있으니까, 예컨대 문헌쇄말주의…….

후지타 '문헌쇄말주의'는 '외골수 이론' 쪽이죠. 거기엔 우노 씨의 제자들로 가득합니다.

마루야마 그것은 '횡횡[すいすい, 쏙쏙·술술, 거리낌 없이 해버리는] 전향'과는 조금 다른 거죠. '외골수 이론'으로부터도 쇄말주의가 나옵니다.

이시다 성격이 다른 것이죠, 인간관계쇄말주의와는.

후지타 그쪽은 인연·고사·내력에 제어·속박되며 '제도'

가 확고하지 않다는 쪽을 떠맡는 것이죠.

이시다   때문에 거기서는 개인의 정신사와 일본 사회의 정신사가 조금 어긋나 있는 게 아닐까.

후지타   그래서 저는 그 둘을 절단했던 거예요. 저를 합리화하는 가치판단이 들어가 있다고.

마루야마   좀 전의 설명이라면 오해되기 쉬운 게 제너레이션[generation, 세대]의 문제네요. '사상과 실천의 통일'이 가능해졌던 역사적 시기가 나오고, 이후에는 불가능해졌다고 해도 그런 통일이 질질 끌려 당의 결성으로 되는 바, 거기서는 변함없이 '유물론 대 관념론'이었습니다. 그러나 그때 그것을 지탱했던 에너지는 젊은 세대의 것입니다. 즉, 전후라는 역사적 시기는 젊은이들이 지탱하고 있었고, 나는 그런 식으로 보는 쪽이 좋다고 생각하는 겁니다.

후지타   그것은 뒤에 보충했었죠, 좀 전에.

마루야마   그런가요, 그렇다면 좋아요. (웃음)

후지타   어쨌든 지금 그 장에서 말로 한 것이라서 상당히 거칠고 미숙하여 구멍투성이입니다만…….

마루야마   그에 관련해 하나 더. 그것은 세대론의 문제죠. 세대론이라는 것은, 서구를 예로 말하면 카를 만하임[76]

• **76** 카를 만하임(Karl Mannheim, 1893~1947), 지식사회학의 개척자.

이 논했던 것처럼 독일에서 가장 빨리 나왔습니다. 그다음으로 제2차 세계대전 이후 '분노한 젊은이들'이라든가 서구의 다른 곳에서도 나왔지요. 그런데 일본에서는 오카와다 쓰네타다 군의 연구가 아니더라도 세대론은 메이지 20년대부터 벌써 연속해서 나오고 있습니다. 이 또한 오소독시의 붕괴와 관련되어 있는 게 아닐까요. 있던 것, 있어야만 하는 것이 붕괴하면 그것의 지위를 대체하는 것으로서 세대론이 나옵니다. 즉, 세대가 축이 되어버리는 면이 있지 않을까요.

후지타 그것은 제가 근대라는 것에 넣지 않으면 안 된다고 했던 문제와 관련된다고 생각합니다. 역사화하는 제도가 역사적 기준이 되는, 즉 세속화해가는 세계 속에서 정신의 기준은 어디서 구해지는가 묻는다면, 역시 그것은 역사화된 제도가 됩니다. 그렇지만 홉스와 같이 '자연상태'라는 극한 상태를 역사적 한 시기에서 구하고 그것에 대항하는 제도라는 상대적으로 보편적이고 항구적인 것을 한쪽에 갖는 경우에는 그 제도라는 것이 비교적 안정된 것이 되는 까닭에 세대가 기준이 되는 이른바 '세대론'은 나오기 어렵습니다. 그렇지만 그것에 실패했던 부분에서 세대론은 나오기 쉬운 것이죠.

마루야마 그런 의미에서 일본은, 결여이론[77]은 아니지만, 본래 오소독시가 없는 곳에 가져와 유사 오소독시 또한 붕괴했습니다. 그리되면 거기에서는 세계에서도 희귀한 '세대의 단축 현상'이 일어나죠. 극단적으로 말하면, 1년마다 '저 녀석은 벌써 낡은 세대야'라는 말이 나오게 되는 겁니다.

후지타 '사상적 정통'의 형성이라는 과제는 점점 더 곤란한 사태가 되고 있는 것이겠군요.

• **77** 이것도 없고 저것도 없다는 식의 부정적인 뜻으로 사용되는 용어다. 그럼에도 결여하고 있기 때문에 더 강조하지 않을 수 없음을 환기시킨다.

해제

이 책은 출간되지 않은 논고와 기록에 의해 구성되어 있다. 그것들은 어느 것이나, 지쿠마쇼보에서 간행이 계획되어 있던 『근대 일본사상사 강좌』 제2권 『정통과 이단』에서 후지타가 담당한 테마 「근대 일본의 이단 유형들」을 집필하기 위해 준비되었던 것이지만, 논고는 미완성인 채로 중단되었고 보고와 토론 기록은 녹음테이프에서 풀어놓은 원고 상태 그대로 남아 있었다. 그러나 전체적으로 후지타의 논의 방향은 명확하게 드러나고 있으며, 그 내용은 그것 자체로 일본의 '이단'을 둘러싼 사상사적 의미 연관에 대한 사고 위에서 오늘날 한층 획기적이라고 해야 할 문제제기를 이루고 있고, 후지타 자신의 정신사에 있어서도 『천황제 국가의 지배원리』, 『전향의 사상사적 연구』, 『유신의 정신』에 응결되었던 '전후 시기'의 사색으로부터 1970년 이후 '고도성장기'의 『정신사적 고찰』에 이르기까지의 결정적인 비약을 향한 사상적 영위를 비로소 구체화한 것이라고 생각된다. 그런 의미에서 편자의 책임 아래 약간의 원고 정리 및 전체의 구성을 세워 단행본 형식으로 편집했고 저작집에 넣을 수 있게 되었다. '이단론 단장[이단은 어떻게 정통에 맞서왔는가]'라는 표제는 저자에 의한 것이다.

『근대 일본사상사 강좌』는 전8권·별책1권의 구성으로 계획되어 1959년부터 1961년까지 제2권과 별권을 제외하고 일곱 권이 간행되었다. 후지타는 제1권 『역사적 개관』에 「천황제의 파시즘화와 그 논리구조」(1959. 7. 이후 『천황제 국가의 지배원리』 2판, 1974에 수록)를, 제8권 『세계 속의 일본』에 「체제의 구상―일본의 역사적 전개를 서술하기에 앞선 서장」(1961. 6. 이후 『현대사 단장』, 1974에 수록)을 각각 기고했다. 이 『이단은 어떻게 정통에 맞서왔는가(이단론 단장)』의 논고가 수록될 예정이었던 제2권 『정통과 이단』은 마루야마 마사오가 책임편집자였고, 그 구성에서는 간행 지연에 따른 초기의 계획으로부터 상당한 변경을 거쳐 최종적으로는 마루야마 마사오, 이시다 다케시, 후지타 쇼조 3인의 분담 집필이라는 형태를 취하게 되었다. 그러나 결국 제2권은 완성되지 못했다. 그 경위의 일부에 대해서는 마루야마가 「『충성과 반역』 머리말」(1992)에서 언급하고 있다.

결과적으로 간행에 이르지 못했다고 하더라도 공동 집필자들에 의한 연구회는 지속적으로 이어졌다. 특히 제2권만 뒤처지자 3인으로 집필자를 좁혀 완성을 향해 가속페달을 밟았던 이후, 3인의 연구회는 더 빈번하게 열렸던 듯하다. 마루야마가 필기했던 연구회 기록(후지타의 보고 기록을 정리하여 「후지타 쇼조 이단 개설概說」이라고 표시한 봉투 속에 B4 리포트 용지 25쪽 분량이 봉해져 있었다)에 의하면, 1965년 이후 후지타가 보고를 담당했던 모임만도 8회에 이른다. 3인에 의한 연구회는 1967년 5월 4일 후지타의 영국행으로 중단되어 그 이틀 전에 열렸던 모임이 결국 마지막이 되었다. 이 책에 수록된 「보고와 토론」은 그때의 테이프 녹취를 푼 것이다. 또 그에 앞서 같은 해 3월 7일 연구회에서는 '삼위일체론'적 '정통'에 대해 이 책 1장의 원형이라 할 수 있는 것이 보고되었던바, 이 책의 논고가 직접 건네진 것은 그 보고 이후부터 영국행 이전까지의 한 시점이었다고 생각된다.

후지타가 지쿠마쇼보에 건넸던 '원고'는 모두 등사판으로 고쳐졌고, 그 일부(이 책의 서문과 1장)는 초고 교정쇄 형태로 인쇄되어 있었다. 등사판 원고에는 우치무라 간조로부터의 인용 및 그것에 대한 약간의 코멘트와

브로니슬라브 말리노프스키[1]의 『미개사회의 형벌과 관습』에서의 발췌가 포함되어 있었지만, 그것들은 이 책의 구성에서는 삭제했다. 그리고 「보고」 기록에는 부분적으로 청취가 불가능한 곳이 있었지만 다행히도 후지타의 곁에 일부 남아 있던 「보고」 메모('내란·운동·소요')에 의해 보충할 수 있었다. 또 마루야마의 곁에 남아 있던 「토론」 녹취 기록에는 상당량의 삭제 부분에 대한 지정 및 약간의 수정이 있어서 이 책의 편집에는 모두 그 기록 속의 지시를 따랐다. 이 외에도 불필요하다고 생각되는 몇 곳에 대해서는 편자의 판단으로 삭제했다. 덧붙여 이 책의 장과 절 구분, 「토론」 속의 소제목은 모두 편자의 책임이다.

　　『근대 일본사상사 강좌』 제2권 『정통과 이단』은 당초 마루야마가 「정통론 총설」을 쓰고, 이어 이시다가 「근대 일본에서의 정통의 생성과 발전」을, 후지타가 「근대 일본의 이단 유형들」을 분담할 예정이었다. 이 글들은 강좌의 전체 취지에서 보아도 근대 일본의 사상사적 문제를 보는 시각으로 설정되어 있었다고 할 수 있다. 후

• 　1　브로니슬라브 말리노프스키(Bronislaw Kasper Malinowski, 1884~1942), 영국의 인류학자. 주요 저작으로는 『미개사회의 형벌과 관습』(1926), 『마법, 과학, 그리고 종교 외』(1948) 등이 있다.

지타의 주제에 한정하면, 「토론」에서의 '편집자'의 발언(「이단 속의 정통과 이단」)이 시사하듯 근대 일본에서의 최대 '이단', 곧 마르크스주의 운동 내부에서 발생했던 '정통과 이단'에 대한 검토가 애초의 '분담 주제'였다고 할 수 있을 것이다. 그러나 마루야마가 남긴 연구회 기록을 보는 한에서 후지타의 관심은 차츰 일본의 사상사를 고대에까지 거슬러 올라가 검토하고 있고, 마르크스주의나 그리스도교를 둘러싼 서양 사상사 전체에까지 관심이 넓어져가고 있었다고 생각된다. 후지타의 「보고」에서도, 한편으로 '이단'의 용례를 더듬어 『니혼쇼키』에까지 이르고 거기서 '이단'의 용례가 보이지 않음을 확인하는 것으로부터 거꾸로 천황제적 이단의 독자성에 대한 관심으로 방향이 설정되며, 다른 한편 마르크스주의나 그리스도교에서의 정통·이단 논쟁사의 검토로부터 '조직으로서의 정통'과 '사상으로서의 정통'의 구별 및 양자 사이의 다이너미즘에 대한 착목의 필요가 자각되기에 이르고, 그 양자의 교착 속에서 '정통'의 비교문화사적 유형론과 그에 상응하는 형태로 '이단'의 비교유형론적 구상이 차츰 결정화結晶化되어갔던 경위를 살필 수 있다. 그러한 구상은 거꾸로 일본의 사상사 속에서 성립된 '자연적 이단'에서 '사상적 이단'에 이르는 다양한 '이단' 형태의 구별과 연관에 대한 관심을 이끌고, 그 속에서 후지타는 고대의

'탈적부랑脫籍浮浪', '우카레비토浮れ人'로부터 고대 말기·중세의 '은둔자', '유행자遊行者', '악당'이나 불교에서의 '이의異義[불가에서의 논쟁 및 이견, 열반이의, 불성이의 등]', '방법謗法[파계의 행위, 불법의 위배]', 근세의 '낭인浪人', '무숙無宿[부랑자]', '지사志士' 등의 다양한 존재 형태에 대한 착목과 변별을 시도함으로써, '공동체의 말단을 창성시켜가는 중추에 의존'하고 있는 '이단의 부랑적 형태'로부터 무엇이 어디서 어떻게 '스스로 정통의 자부를 가진 이단'을 분기시켜가는가, 하는 물음을 집요하게 되묻고 있다. 그는 「보고」에서 예컨대 '찬택본원撰擇本願'2)으로의 귀일이 '결정적 시간으로부터 일체가 시작한다'는 새로운 시간의식의 성립을 매개로 '유행遊行'으로부터 '전도傳道'로 비약을 가져왔던 것을 '사상적 이단' 성립의 한 사례로 적어놓고 있다. 또 전체로서 '자연적 이단'과 '사상적 이단' 사이의 유동성이 지배적이었던 점에서 일본의 특색을 인지하고, 그것에 대응했던 '정통'의 존재 방식적 문제로서 거듭 '천황제'를 파악하려 했던 시점도 이미 그 모습을 형성해가고 있었다.

이렇게 거의 '무한히' 확대되어갔던 지적 시야 속에

• **2** 도그마화된 교학을 거부하고 오직 부처를 부르는 것만을 선택하고 실천함으로써 말법(末法)에서의 해탈과 구제의 본원에 이른다는 뜻.

207 •

서 착종되고 복잡화된 '정통과 이단'의 문제 연관을 한 번 더 「일본에서의 이단의 유형들」이라는 출발점을 향해 좁혀 들어가 사상사적 구상력이라는 바이스에 걸어 압축하려 했던 데에서 성립한 것이 이 책에 실린 논고인 것이다.

『이단은 어떻게 정통에 맞서왔는가』가 구상되었던 것은 '의제擬制의 종언'(요시모토 다카아키, [동명의 저작, 1962])이나 '이데올로기의 종언'(대니얼 벨[동명의 저작, 1960])이 이야기 되기 시작한 시대였다. 거기서 생겨나려 했던 것은 국내적·국제적 차원에서의 좌익 '전위前衛'의 분열과 분립에 수반하는 '전위'='정통'의 신화화와 그에 대한 조롱 섞인 웃음만은 아니었다. 무릇 '사상'이 본래 담당해야 할 '참된 것'에 대한 진지한 접근의 노력이 후퇴하고 일체의 '정신'적 관계를 '가장 원초적인 정치적 관계로 환원'하는 경향이 널리 퍼지는 상황이야말로 그 시대의 심층에서 진행되고 있었던 것이다. '정통과 이단'이라는 테마를 '사상'의 세계에서의 '권력투쟁'이나 '파벌항쟁'이라는 가장 일반적인 외양으로부터 벗겨내어 그 기저에 있는 '패러독시컬한 정신의 태동'에까지 소급하고 '혼탁한 미로'로부터의 탈각의 '현대적 방법'을 '정통과 이단'을 둘러싼 '인류 정신사의 드라마' 속에서 다시 파악하려는 후지타의 장대한 입장 설정의 반反시대적 비판성은 명확하다. 본디 "정통도 이단도 '이 세상' 질서를 초월하는 보편적 가치를 선택하는 것에 의해 현세적 '정치'를 상대화하고 그것을 규제하는 것으로서 그 모습을 드러내는 것"[31쪽]인바, 바로 그러한 것에 의해 왜 어떻게 보편적 가치의 '수육受肉'과 '전도傳道'의 과정에서 거꾸로 '정치적 항쟁'에 다양한 형태로 관련되지 않을 수 없는 역설이 성립하는 것인가, 게다가 그 '혼탁한 미로'로부터 탈각하려는 시도 속에서 '정통과 이단'의 대립은 어떠한 사상적 의미를 갖는 것인가.—이 절실한 물음의 탐구에서 후지타를 이끌고 있었던 것이 '이단 취향' 따위가 아니라 오히려 "우리의 내면적 정통사상"(26쪽)에 대한 의욕이었던 것을 놓쳐서는 안 될 것이다. 거기에서 "'정치적' 현상과 '정신적' 현상의 구별 없는 아말가메이션[amalgamation, 융합·봉합·합동] 상태는 극복되어 있는 것"(31쪽)이며, 그러한 '정신'의 존재 방식에 관한 탐구야말로 후지타를 한편으로 초기 그리스도교회에서의 '삼위일체설' 성립의 드라마로 소급하고, 다른 한편으로 일본에서의 '유신의 정신'을 발굴하도록 방향 짓고 있는 것이기 때문이다.

이 책의 3장「근대 일본의 이단 유형들」속에 있는「보고」는 위와 같은 의미에서 『유신의 정신』의 '속편'을 이루는 것이라고 할 수 있을 것이다. 『유신의 정신』을 쓰게 된 모티프가 후쿠자와 유키치에게 보이는 '유신'의 '지도적 정신'이라는 것이 "보편적 가치에 대한 '존경'과 권력에 대한 '대결', '권리'의 평등과 '상태'에 대한 깨어 있는 인식, 그것들이 언제나 동시에 긴장을 갖고 존재하는 정신"(『저작집』 4, 39쪽)으로서의 존재 방식의 형성으로부터 메이지 말기 우치무라 간조의 '무교회주의' 정신의 성립을 거쳐 쇼와 초기 "『일본 자본주의발달사 강좌』의 성립이 비로소 다이쇼의 사상적 과정을 근저로부터 극복하고 다시금 확고한 보편자를 발견"(같은 책, 123쪽)하는 데 이르기까지의 일본 근대사상사를 관통하는 '보편자'의 내면적 형성의 정신사였다면 『이단에 대한 고찰』이 목표로 하고 있던 '내면적 정통사상'의 형성이라는 테마는 서로를 보완하는 관계라고 생각되기 때문이다. 그러나 동시에 『이단에 대한 고찰』에서는 그러한 '보편자'='내면적 정통사상'의 형성이라는 문제가 일본 사회의 내부에서는 오직 '이단'으로서만 드러날 수 있었다는 또 하나의 상황 문맥 속에서 재설정되고 있었다. '정통의 자부를 가졌던 이단'이 다양한 '자연적 이단'으로부터 스스로를 구별해 성립시키는 것은 어떠한 조건에서인가.

　　후지타가 근대 일본사상사를 '내란·소요·운동'이라는 '이념형'의 설정과 그것의 변용을 통해 다시 보려 했던

것은 그러한 조건에 대한 관심에 깊이 연결되어 있었다
고 할 수 있다. 그때 후지타의 '공감'과 '평가'가 '운동'적
형태에서 무엇보다 농후하게 드러나고 있었던 것은 분명
하지만, 그러한 이념형의 설정을 통해 '이단'의 존재 형태
들 간의 상호 이동의 시점을 살리려 했다는 것도 놓쳐서
는 안 될 것이다. '운동'으로부터 '소요'로, 또 '내란'·'소
요'로부터 '운동'으로의 변용과 변질에 대한 주목이야말
로 '이단' 일반의 평면화가 초래하는 이단에 대한 '적의'
나 '도취'로부터 정신을 해방하는 일일 것이기 때문이다.

　　그러나 후지타의 『이단에 대한 고찰』이 개척했던
사상사적 지평의 새로움은 뭐라고 해도 1장과 2장에 있
을 것이다. 즉, 거기에는 초기 그리스도교회에서의 '정
통' 및 '이단' 형성의 이념형적 파악을 강렬한 광원으로
하여 '이단'의 존재 형태를 둘러싼 일본 사회의 사상사
적 특질이 고대로 거슬러 올라가면서 구조적으로 명확
해지고 있기 때문이다. 그것은 후지타의 사상사 연구의
기본 테마를 이루는 일본 사회와 '천황제'의 문제 연관
을 상대로 맹렬하게 접전하지 않을 수 없는 것이었다.

　　'삼위일체설'을 둘러싼 교의 논쟁은 "정신적 체계의
내적 위기를 극복하여 그 정신체계를 동시에 **적극적(실정
적實定的)**인 '이 세상' 제도로서 확립하기 위해 요구된 논

쟁"이었고, 또 그 결과로 형성된 '삼위일체설'은 "단지 광신적인 망상가가 믿어 의심치 않았던 '비합리적' 교설이 아니라 '주술제의로부터의 해방'을 감행하고 '물신숭배'를 타파했던 초월적 보편종교가 자기를 포지티브한[실정적인] 형태로 **사회적으로 정착시키고**('수육受肉') 복고적 반동과 인간의 자연적 타락으로부터 자기의 정신적 존재를 지켜나가기 위해 불가결했던 교의"(48~49쪽)로서 성립한 것이었다. 이러한 교의를 '정통'으로 하는 사회에서도 그 '현세화'나 '경직', 그 이외의 여러 조건에 응해 '이단'은 무한한 종별적種別的 차이를 가지고 성립하며, 거기서의 '이단'은 "기존의 정통과 같이 현세적 제도에 의거할 수 없기 때문에 그만큼 한층 더 스스로의 해석체계의 진리성에 대해 강한 자각을 가지며 그 자각에서만 자기가 의거해야 할 발판을 발견할 수 있다."(56쪽) 이리하여 '정통의 자각에 의거해 일어서는 이단'은 여기서 이념형적으로 성립한다. 다시 말하면 본래 '정통'도 그러한 '이단'의 일정한 존재를 ('진리성'에 대한 지향을 공유하지 않는 '이교'와의 명확한 카테고리적 구별 위에 서서) 예정하고 있는 것이다("여러분 가운데서 진실한 사람이 환히 드러나려면 여러분 가운데 파당도 있어야 할 것입니다", 「고린도 사람들에게 보내는 첫째 편지」 11:19) 여기에 "정통·이단이 논리를 향한 충실성이라는 것을 보증된 '신 앞에서의' 논쟁을 반복하는 과정에서 형성했던 경우"(64쪽)가 '제도화'되는 까닭이 있다.

이러한 초기 그리스도교에서의 '정통과 이단'의 성립이 인류 사회가 보편적으로 경험한 '주술'적 세계에 대한 응답의 한 가지 극한적 선택('주술로부터 해방')에 의해 방향 설정된 것이었다면, 다른 방향으로 향해진 극한적 선택이 '정통과 이단'을 둘러싸고 다른 모습('자연적 사회')을 취하는 것은 필연적일 것이다. 후지타는 이렇게 해서 '주술' 그 자체를 '제의'로서 '합리화'하려는 방향으로 성립했던 '천황제' 사회와 그것에 있어서의 '정통과 이단'의 현상 형태를 주술로부터의 해방과 대조(및 그런 주술로부터의 해방과 자연적 사회의 '중간적' 형태로서의 '질서의 합리주의'를 비교)함으로써 분명히 하려고 했던 것이다.

'절대자'로 향해진 '올바름'의 감각이 '정통과 이단'의 치열한 논쟁성을 잉태하지 않을 수 없었다고 한다면, '주술적 제의'에 의한 통합 과정에서 보이는 것은 "제祭의 대상은 사라져 없어지고 제를 지내는 일과 그 일을 행하는 구체적 인격만이 분명한 윤곽으로 드러난다"(73쪽)라는 또 하나의 역설이다. '모셔지는 신보다도 모시는 신 쪽이 강한 존재가 되는' 구조적 역설이 '천황제'에서의 '제식'적 통합에 포함된 논리라고 한다면, 거기서는 '어느 영이든 다 믿지 말고 그 영이 신으로부터 왔는지 아닌지를 시험하라'(『요한1서』)는 것과 같은 "여러 영을 구별하고 정신세계를 조직적으로 질서 짓는 과정"(80쪽)은 성립할 여지가 없다. 다른 한편 '제식'이 본래 결속되어 있었을 신화적 세계구조의 자연적인 보편성(거기에는 '성인식'에서 보이듯 인간과 사회와 자연과 우주의 전체적인 갱신이 제식적으로 구조화되어 있다) 또한 그러한 [영들의 구별 및 정신의 질서화] 형태로의 존속을 허용하지 않는다. '공적 주술제의'의 체계는 '영매=제사자'라는 현세적 존재를 중핵으로 하는 '정치적인·비정치적인 현세적 통합체'로서만 존재한다. 이렇게 '올바름'을 향한 원리적인 물음을 갖지 않는 의례 절차('유소쿠코지쓰有職故實!')[3]의 형식화와 그때마다의 '효용'을 위한 보완적 '제의'의 '무한포옹'성이 "신이 아니라 제사"(83쪽)에서 궁극적 존재를 보려고 하는 천황제적 '정통'을 구성하는 기본적 계기를 이루기에 이른 것이다. '일본에서의 이단의 현상 형태'에 대해 후지타가 의거하려 했던 기본적 입각점이 바로 거기에 있었다고 할 것이다. "고전적인 천황제의 의식 형태 아래서 일어날 **수 있는** 이단이란 주술제의적 통합체계의 중심을 점하고 있는 '공적 주술제의'의 권위성

•　**3**　천황가, 조정, 무가(武家)의 전통인 전고(典故)에 관한 연구로, 관직 서품, 행정·법령, 의복, 집기, 의례 등이 연구의 대상이다.

을 위협하는 것이었음이 분명해진다."(84쪽)

　　그러한 것으로 후지타가 붙잡으려 했던 '이단의 원형' 중 하나가 "'이 사회'를 초월하는 일정한 정신적 지점이나 실체를 갖고 그에 근거해 '이 사회'를 상대화하거나 대상화하려는 사상체계"(64쪽)였던 것은 당연할 것이다. 일본의 경우 그런 사상체계는 역사상 어느 것이나 '가이쿄外敎[외래적 종교·가르침]'로서 다른 문화사회로부터 가지고 들어와 받아들인 형태로 성립한 것이었다. 그러나 '가이쿄'와의 관계가 모두 '이단'으로 현상現象했던 것은 아니다. "초월자를 규정하려고 하지 않는, 말하자면 '사상적 무관심'의 사회에서는 사상 그 자체의 이단성이 문제가 되지 않는다. 구체적 상황에서 구체적으로 '공적 주술제의'의 권위를 폄하하는 경우에 비로소 이단이 되는"(84~85쪽) 것이기 때문이다. 이는 '이단의 이단화'가 천황제의 공적 주술제의의 정치적인 판단에 의해서 규정되고 있음만을 뜻하지 않는다. 오히려 그것은 '이단'으로 여겨지는 쪽에서의 '일탈이단'으로부터 '사상이단'으로의 이행을 조건 짓는 내면적 계기, 바꿔 말하자면 '내면적 정통사상' 형성의 사상적인 계기라는 독자의 사상사적 문제를 제기하는 것으로 더욱 중요한 시사점을 지닌다. "일탈이단 속에서 문책되는 이단은 많은 경우 사상이단이 그 사상을 행동의 레벨次元에까지 결실 맺게 하려는 경우에 생겨난다. 왜냐하면 사상이단이야말로 확고한 동기와 방법적 근거와 규율체계를 소유할 수 있을 것이기 때문이다."(60쪽) "그리고 사상이단도 자기의 사상에 기초해 '교의'를 사회적 행동이나 생활태도에까지 철저화하는 경우, 즉 사상이단이 자기를 사회적·생활적으로 실현시키려는 경우에는 일탈·부적응의 두 이단까지도 갖출 수 있게 되어 무엇보다도 급진적인 이단이 된다. '실천'과 관련되지 않는 경우는 사상이단 또한 **비교적** 관대하게 취급된다."(62~63쪽) 바로 이 점에 후지타가 '부랑', '유행遊行', '은둔' 등의 여러 '일탈' 형태를 거론하면서 '자연적 이단'으로부터 '사상적 이단'으로의 비약을 문제시했던 사상사적 의미가 있다고 해야 할 것이다. 그런 뜻에서 후지타가 지적한 '전수염불專修念佛'[4]에 있어 '유행'으로부터 '전도'로 비약한 예는 본문에 예시되고 있는 신란, 도겐, 소라이, 기리시탄이나 마르크스주의와 나란히 다시 파고들어가 사고해야 할 테마로 제시되는 것으로서, 그것들은 『유신의 정신』에서 밝혔던 막부 말기의 '부랑' 현상과 '횡의·횡행·횡결橫議·橫行·橫結'[5]을 통한 '지사'의 성립 간의 구별까지도 함께 조망하는 시점

• **4** 수행을 하지 않고 오직 나무아미타불만 외우는 일.
　5 결정된 정치에 대해 보통 사람들이 자기 식으로 멋대로 토론하고 행동하고 결단함.

에서 새롭게 다시 파악할 필요를 시사하고 있다.

그러나 이 책에서 후지타가 제시한 '또 하나의 이단의 원형'인 '공적 주술제의'를 위협하는 것으로서의 '주술이단'이라는 카테고리는 그 새로움과 촉발력의 크기에서 단연 두드러진다. 그것은 '가이쿄'='이교'로의 의식적 관계를 매개하지 않고 성립한 이단이며, 오히려 천황제의 제식적 통합 내부로부터 발생해온 이단이라는 점에서 독자적인 형태를 이룬다. 이는 천황을 정점으로 하는 공적 주술제의의 연속적인 계열체를 그 제의의 '자리 坐[지위]'와 질서와 절차를 무시하고 '제멋대로' 또 '일의적'으로 수행하여 침범하는 데에서 성립한다. "그는 주술제의의 전 체계를 바깥쪽으로부터 근본적으로 부정하는 것이 아니다. 오히려 거꾸로 주술제의에 의존하고 있다. 단지 '사적인' 목적으로 '자의적으로' 주술제의를 행하고 있음으로써 이단인 것이다."(94쪽)

이 '이단'이 드러나는 것은 그 '정점'에서의 주술제의 체계의 세습적 '추장 계보'에 대한 '자의적 참칭' 및 그것이 야기하는 '정윤正閏, 정통과 비정통' 논쟁이라는 형태에서만은 아니다. 오히려 후지타는 그러한 현상 형태를 "쇄말주의화 경향"(97쪽)으로 규정한다. 그것에 대비해 후지타가 보다 더 중시하려고 하는 것은, 천황제가 '여러 영'의 '주술제의적 통합'에 더하여 '율령적' 관료제 통합을 확립하려 함에 따라 거꾸로 그 '합리화' 논리에 대한 위화감을 근거로 현재화한 '여러 영' 각각의 '부분'화를 지향했던 '이단' 형태였다. "이단의 백귀야행百鬼夜行"화라고 부르는 것이 그것이다. "영의 합리화"를 행하지 않았던 천황제에서는 "말하자면 이단 또한 '합리화'되지 않은" 것이었다(100쪽).

후지타도 시사하고 있듯, 그런 새로운 '이단'을 향한 시점은 이제까지 '사상사' 속에서 파악되지 않은 채로 놓여 있던 '민간신앙'에 대한 비판적 가교를 겨냥했던 획기적인 것이다. 그것은 또한 "'이교'의 입장으로부터 이런 전통적 '이단'을 역사적으로 재해석함으로써 '이교'를 단순한 '가이쿄'(수입 사상) 정도로 결산해버리지 않고, 그 '이단'을 일본 사회에 정착시키기 위한 계기"(98쪽)를 삼는다는 새로운 전략적 제언과 결속되어 성립했다. 그럼에도 후지타는 이 매력적인 '이단'상像에 대한 '소묘'의 상태에서 논고를 중단하고 있다. 문제는 그런 중단이 단지 '시간의 제한' 때문이었던가 하는 점일 것이다.

2년간의 영국 체류를 마치고 귀국한 후지타가 활자를 통해 드러낸 최초의 발언은 잡지 『미라이未來』(1969년 5월)에 기고한 「'고도성장' 반대」라는 글이었다. 짧은 인터뷰 기사이지만 『이단에 대한 고찰』의 중단을 앞뒤로 한 후지타의 정신세계를 사고하는 데에 빠뜨릴 수 없는 것이다. 우선 후지타가 아키모토 마쓰요[6]의 희곡 『히타치보우 가이손常陸坊海尊』[7]에 촉발되어 쓴 부분에 주목해보자.

　　실은 요 몇 년간 저는 뭐라도 해서 원시 천황제의 주술적 세계가 어떤 메커니즘으로 완성되고, 움직이고, 또 계속되었던가를 파악함으로써 그 '세계'의 '합리화'와 함께 산출되어온 정통에 대해 그 원래의 것이 어떻게 이단으로서 움직이기 시작했는가를 묘사해보고 싶었고, 그 일부로 '관료제의 도그마'와 '백귀야행의 주술적 세계'의 내적 모순이 맺는 관련에 대해 써보았지만 어찌해도 적확하게는 알 수가 없었습니다. 그런데 어떠한지요. 이 희곡에는 그런 부분이 선명하게 형상화되어 있어서, 그 두 종류의 천황제 간의 모순─곧 천황제의 자기모순이죠─을 한 몸에 짊어지고 있는 층層의 비통함을 묘사하고 있는 것이었죠. 완전히 탄복하였습니다.

『전후 정신의 경험』 I, 가게쇼보影書房, 200쪽

• **6** 아키모토 마쓰요(秋元松代, 1911~2001), 극작가.
7 전후 일본 신극사에서 독자적인 지위에 있는 극작가 아키모토의 희곡. 실존 인물인 히타치보우 가이손은, 1184년 2월 당시 천황을 옹위함으로써 정권의 정당성을 확보하고 있던 다이라 가문을 이치노타니 전투에서 대패시킨 미나모토 가문, 그중 미나모토노 요시쓰네(源義經)의 무사이다.

아키모토의 작품 중 어디에서 '탄복'했던가에 대해
후지타는 더 이상 구체적으로 밝히고 있지 않다. 그것은
아키모토의 작품을 둘러싸고 조금 뒤에 잇대어진 히로
스에 다모쓰·기타무라 히사시와의 3인 좌담(「민중 속의
'천황제'」, 『신니혼분가쿠新日本文學』 1969년 9월)에서도 기본적
으로는 변하지 않는다. 후지타의 '평가'를 억측하는 것은
불가능하지 않지만 그것은 여기서 다룰 직접적인 문제
는 아니다(그러한 방향에서의 논의로는 후지타의 시점을 염두
에 둔 가운데 독자적으로 아키모토의 작품을 논했던 히로스에의
다음 글이 참조가 될 것이다. 「음負[陰]의 주박呪縛으로부터—히타
치보우 가이손·가사부타 시키부코[8]」, 『신니혼분가쿠』 1970년 5
월, 『악장소惡場所의 발상』 히로스에 저작집 6권, 가게쇼보, 1997
에 수록). 다만 여기서는 아키모토에 '탄복'을 표명했던
전제로서, 후지타가 자기 논의의 '방향'에 관해서는 똑똑
히 감지하면서도 여전히 '적확하게는 알지 못하는' 상태
에 있었음을 인정하고 있는 사정을 확인할 수 있다면 족
하다. 후지타가 이 인터뷰에서 말하고 있는 것 중에서 주
목해야 할 또 하나는 다음과 같은 것이다.

---

* **8** 아키모토의 희곡 「가사부타 시키부코(かさぶた式部考)」(1965).
  '가사부타'는 상처의 딱지, '시키부'는 일본 전설 속에 등장하는 여성
  이름이다. 급속한 경제성장 속에서 자주 일어났던 탄광 폭발 사고와
  폐광에 따른 후유증을 다뤘다

　　이 희곡을 읽고 관심을 기울였던 것은 지금 말한 바와
같은 내용의 높이만이 아니라 또 하나, 대상에 대한 저자의
태도였죠. 그것은 제 말의 힘을 갖고서는 도저히 드러낼 수
없는 것입니다. 요컨대 어떤 뽐냄도 없이, 일체의 뽐냄이나
그와 비슷한 모든 것으로부터 완전히 해방되어 있는 상태
죠. 그럼으로써 또한 어떠한 종류의 공소空疏한 방법 논의로
부터도 자유로운 것이었죠. (같은 책, 200쪽)

　여기서 말하고 있는 '탄복'의 전제가 후지타의 자
기비판이라면, 같은 시기 그 자신의 말로 그 내용을 확
인할 수 있다. 곧 후지타는 귀국 이후 최초의 활동 무대
로 정했던 『미스즈みすず』 '권두언'의 연재 첫 회(「근거율」
1969년 6월)에서 '오늘 가장 중요한 과제는 두 가지'라고
하면서 다음과 같이 썼다.

　　그 하나는 행위 하나하나의 근거를 질문하는 것,
이는 래디컬한 정신의 경영인 까닭에 그 질문 앞에선 단
순한 '해프닝'과 '에스컬레이션단계적 확대'은 결코 허용되
지 않는다. 다른 하나는 그러한 근거율에 의해 체계화되
고 있는 계승해야만 할 정신 형식을 그 근거율과 함께
궁구하고 그것을 단호하게 옹호함으로써 지속시키는 것
이다. (앞의 책, 206쪽)

후지타에게 그것은 '선언'만으로 끝난 것이 아니다.
문자 그대로 'ABC의 A'부터 시작하는 맹렬한 '공부 고
쳐 하기'가 그 시점에서 개시되었던 것이다. 그것은 '말'
이 지닌 하나하나의 의미를 더듬어 그 원초에까지 거슬
러 올라감으로써 '일의 형편' 하나하나의 의미를 역시
그 원초에까지 거슬러 올라가 사고하려 했던 것이었다.
그 지점에서 후지타는 인류학과 언어학과 신화학의 성
과를 습득하는 일에 몰두했고 역사학에서의 새로운 태
동을 주시했었다.

'이단론 단장'의 '중단'이 그러한 후지타 자신의 정
신의 기저에 이르는 자기비판과 방법적 재출발에 관한
자각과 연관되어 있었던 것이라면 그것은 본래 '미완'으
로 끝날 것임을 필연적으로 지닌 것이고, '원고 분실'에
대해 의외라고도 할 후지타의 담담함도 이해될 수가 있
을 것이다. 그리고 긴 침잠과 깊은 연구가 후지타를 어
떤 지점으로 새로이 비약시킬 수 있었던가는 『이단론은
어떻게 정통에 맞서왔는가』와 『정신사적 고찰』을 함께
읽는다면 자연스레 드러날 것이다. 그러나 그 위에 또
하나의 '문제'가 남지 않을 수 없다.

본디 '방법적 재출발'을 향한 결의는 후지타의 '자
기비판'만을 전제로 했던 것은 아니었다. "고도성장 사
회"를 두고 "정신의 세계는 이미 해체되고 있다"(앞의 책,

206쪽)거나 "문화적으로는 절망적 상황 이외에 그 무엇도 아니"(앞의 책, 211쪽)라고 하는 후지타의 시대 비판은 귀국 직후의 문장에서 이미 빈번하게 나오고 있었다. 그렇다면 그런 시대 비판이란 그 이전 『이단론은 어떻게 정통에 맞서왔는가』의 제3장「보고」가 가리키고 있는 후지타의 '정신적 정통'의 '계승' 전략과 대체 어떻게 관련되고 있는 것인가.

'방법적 재출발'에 즈음하여 후지타가 표명했던 위의 '과제' 두 가지, 곧 "근거율에 의해 체계화되고 있는 계승해야만 할 정신 형식을 그 근거율과 함께 궁구하고 그것을 단호하게 옹호함으로써 지속시키는 것"은 그 실질적 내용에서 『유신의 정신』이나 『이단론은 어떻게 정통에 맞서왔는가』에서 보였던 '보편자의 내면적 형성'이나 '내면적 정통사상'의 발굴 및 계승과 크게 이격된 것이라고 할 수 없다. 오히려 그 점에 대해서 후지타는 의도적으로 그 연속성을 강조하려고 했다고까지 말할 수 있다. 그러나 그 '계승'이라는 것이, 그런 '정신'을 낳았던 바로 그 '자신'이나 '집단'과의 직접적인 '관계'를 의식적으로 차단하지 않고서는 가능할 수 없었던 것과 같은 사태의 진행이 후지타 자신에게도 예상이나 예감을 넘어 훨씬 빨리 그리고 훨씬 광범위하게 진전되고 있었던 것, 그것이 1970년대의 얄궂고도 심각한 문제 상황

이지는 않았을까. 후지타가 「대극초^{對極抄}」라는 에세이를
『덴보^{展望}』에 게재했던 것은 1975년 1월의 일이었다. 그
서두에 "'이스태블리시먼트'라는 말이 일본에 몇 년 몇
월부터 보급되기 시작했었는지 따위는 내가 알 바 아니
지만 아마 1950년대도 끝날 무렵부터의 일임에 틀림없
다"(앞의 책, 280쪽)라고 말을 꺼내면서 다음과 같이 되풀
이해 말한다.

> 아마도 '이스태블리시먼트'라는 것은 예전 같으
> 면 '지배계급'이라는 이름으로 표현 가능한 것이었겠지
> 만 전후의 세계사적 변화의 결과 종래의 이름으로는 약
> 간 불충분한 점이 있기에 사용되었을 것이다. 무엇보다
> 도 이 나라에서야말로 그 말의 희귀함 쪽에만 눈길이 향
> 하고 있었던 것 같지만 실제로는 저 옛날 국가 공식의
> 교회 체제를 '이스태블리시먼트'라고 불렀던 것으로, 이
> 를 생각한다면 그 말은 단순히 정치적·경제적 지배자를
> 가리키는 것이 아니라 사회의 '가치체계'나 '행동양식'의
> 면에서 공인 증서가 붙은 지배적 지위가 '안정적'으로
> 보증되고 있는 자들의 집단까지도 가리키고 있다는 것
> 이 분명해진다. (앞의 책, 206쪽)

이는 '학예'의 세계에 있어 '전후 정신'으로부터의

이격과 행동양식의 '제식'화의 진행을 통렬하게 공격하는 것이었다. 이후 후지타가 '정통과 이단'에 관해 말하는 것은 더 이상은 없었다. "독립 정신이라는 핵심을 빼고서는 절대로 존재할 수 없는 데모크래틱 마인드(민주 정신)의 구조"(같은 곳) 속의 '학예' 세계 그 자체가 '붕괴'되고 있음을 앞에 두고, 후지타의 카테고리를 사용해 말하자면, '정통의 자부를 가진 이단'은 이미 '운동'으로서 성립할 여지를 잃은 것으로 판단했다고 할 수 있을 것이다. '소요'가 본디 후지타에 의해 선택된 것이 아니라고 한다면 남은 것은 '내란'적 형태, 그것도 가장 '정신적인 형태'를 취한 것 외에는 없다. "전투태세 중시의" 이스태블리시먼트에 대해 "자기에 관한 일의 형편을 '가볍게' 보는 정신"을 대치하면서 "본질적인 문제나 존재의 '무게'의 '발견'"(같은 곳)에 도전하고 이를 "비약을 포함한 단적인 단편으로 적확하게 표현해 짧게 주파한다"(『정신사적 고찰』, 저작집 5, 24쪽)라는 후지타의 팔면육비八面六臂 [다방면에 걸친 수완과 능력]의 활약이 거기에서 개시되고 있었던 것이다. 이를 후지타의 '절망'에서 기인하는 것으로 본다면 그 이상의 '오해'는 없을 것이다. 왜냐하면 "'절망'이라는 말의 주물呪物에 기댐으로써 무차별한 '광기 난무'를 자기와 타인에게 허용하고 있는 경향"(「어떤 생生의 모습, 어떤 범주의 혼동」, 1969년 12월, 『전후 정신의 경험』 I, 211

225 •

쪽)과의 대치야말로 후지타가 임하려고 했던 또 하나의 '전선'이었기 때문이다. '나비처럼 날아서 벌처럼 쏘는', 거리낌을 몰랐던 후지타의 날선 혀는 또한 저 "근거율에 의해 체계화되고 있는 계승해야만 할 정신 형식"에 대한 무한한 경의와 표리를 이루는 것이었다. 그러한 '경의'를 이미 '추도'라는 형태로밖에는 말할 수 없게 되어가는 상태에서 후지타의 뇌리에 결정화되고 있었던 것은, 억측을 두려워하지 않고 말한다면, 황폐한 들판 여기저기서 드러나는 '에클레시아[ekklesia, 신의 몸, 교회]'의 원상原像이지 않았을까. 일찍이 그것이, 분만된 인간과 토지의 차이를 넘어 '실은 유일하게 동일한 것이라는 의식을 갖기에 이르러' 이윽고 '보편'을 따르고 지킬 수 있었던 것임을 상기하면서……

미야무라 하루오[9]

• **9** 미야무라 하루오(宮村治雄, 1947~), 일본사상사학자, 정치학자, 마루야마 마사오의 제자.

역자 후기

이 책의 서문과 1장·2장(1967)은 『근대 일본사상사 강좌』(전8권, 1959~1961)의 제2권으로 기획되었던 공동연구 『정통과 이단』, 곧 마루야마 마사오, 이시다 다케시, 후지타 쇼조 3인의 연구에서 후지타가 분담했던 이단론의 초고이다(그 공동연구의 최초 구성은 마루야마의 총론「일본에서의 정통성의 성립」, 후지타의「이단의 여러 유형과 그 전개」, 이시다의「교착과 모순: 정통성의 해체 과정」으로 예정되어 있었다). 출간 시기를 놓친 『정통과 이단』은 적대의 형질 변화에 대한 마루야마의 각성 혹은 실패, 후지타의 방법론적 전회 및 갱신에 의해 끝내 출간되지 못했다. 그러하되 그 공동연구는 유예된 완성의 자리를 향해가는 미완의 행보 위에 있을 수 있었고 지속적으로 이행해감으로써 하나의 '프로젝트'로서 잔존할 수 있었다. 1969년 영국 체류를 마치고 돌아온 뒤로도 공동연구에 복귀하지 않았던 후지타를 제외하고 1990년까지 한 달에 한 번꼴로 이어졌던 그 프로젝트는 마루야마의 수집과 분류를 통해 다채로운 자료들로 남겨졌다(그것들은 현재 동경여대 마루야마 비교사상연구센터에 의해 디지털 데이터베이스 작업이 거의 마무리된 상태이고, 마루야마 전집의 '별집' 형태로 1980년대 자료를 중심으로 두 권이 출간 예고되어 있다. 『丸山眞男集 別集』, 전5권, 이와나미, 4~5권).

　이 책 『이단론은 어떻게 정통에 맞서왔는가』의 편집자 미야무라 하루오의 전관적全觀的인 「해제」에 사족같이 붙게 된 이 '역자 후기'는 그러한 공동연구의 상황 곁에서 다만 하나, 원문에는 없는 부제를 '주술제의적 정통성 비판'으로 붙인 이유에 대해서만 짧게 언급하려고 한다. 공동연구 속의 정통론에서 도출되고 있는 후지타의 한 대목을 앞질러 인용한다: "정치적 통합자는 물리적인 지배를 통해서만은 오래도록 정치적 통합을 재생산할 수 없기 때문에 당연히 일정한 사회적 신념체계에 의거하고 그것에 의해 '정당한 정치지배'로 '승인'되는 것을 필요로 한다. 베버가 말하는 '지배의 정당성 근거'가 모든 정치적 지배·통합에서 필요해지는 것이다. 이는 '정치'가 자기의 유지를 위해 일정한 '사상'적 정초를 원하지 않을 수 없는 숙명을 짊어지고 있다는 것을 말해준다. 이리하여 「총설」에서 서술된 'O정통'[Orthodoxy, 사상적·학문적 정설]과 'L정통'[Legitimacy, 정치권력의 합법성·적법성·정당성]이란 어떤 형태로든(대립·병존·변증) 교착되지 않을 수 없는 것이다."(30~31쪽)

　　공동연구의 프로젝트 속에서 논구되고 있는 '정통'이라는 개념은 'legitimacy/Legitimität'의 번역어로서의 '정당성'이라는 단어가 주로 도덕적인 것에의 합치를 환기시키거나 도덕적 규범에 의해 침윤된 상태로 유통된다는 판단에 따라 그런 합치·침윤 상태를 우회하여 정당성과 정치/통치의 관계를 복구·논구하기 위해 다시 정의된 개념이었다. 1960년대 마루야마의 정통 구분법, 곧 'O정통'과 'L정통'의 준별—이는 1980년 이후 마루야마가 '통치의 정통성 레벨'과 '통치 결단의 레벨'의 분리 공정이 일본 정치사상사를 관통하는 주조저음이라고 주장할 수 있게 되는 근원 중 하나이다—을 수용해 1967년의 후지타는, 통치의 L정통·레지티머시·정당성 근거를 정초하는 힘의 신성성과 그런 신성성-정당성의 통치적 합성 공정이 '공적 주술제의의 권위'에 의해 운용되고 있음을 비평한다. 다음과 같은 문장들은 이 책의 부제를 구성하는 요소들을, 후지타적 이단론이 설정한 적대로서의 정통의 통치벡터를, 다시 말해 후지타가 발굴한 이단-정통의 내재적 관계론을 보여준다: "제의체계 전체와 관련하여 그 체계를 안쪽으로부터 흔들고 목적의식적으로 그것을 변혁하는 데에 도달하려는 질의·해석은 생겨나지 않는다. 그러한 제의체계 자체에 관계되는 의문이 그 체계 내부로부터 일어나기 위해서는 당연히 제의 그 자체를, 시공간을 초월한 궁극적 정점定點에 대한 수단으로 파악하는 의식이 존재하지 않으면 안된다; 이리하여 고전적인 천황제의 의식형태 아래서 일어날 수 있는 이단이란 주술제의적 통합체계의 중심을 점하고 있는 '공적 주술제의'의 권위성을 위협하는 것이었음이 분명해진다."(79쪽, 84쪽)

통치의 정통성/정당성에 대한 내재적 비판과 균열의 계기이자 발생으로서의 이단, 이단론, '사상이단'의 발생사적 관계론. 그것은 후지타에게 "내면적 정통사상"(20쪽)의 재구성을 위한 원천, 곧 사회적 관계의 신성화된 형태를 개시·정지시키는 힘(Gewalt)의 형태였다. 공동연구 '정통과 이단', 그 미완의 프로젝트 속에서 세 사람이 함께 읽고 토의했던 이들 중에는 『정통』과 『이단자』의 저자 체스터턴이 있었다. "자주 인용되는 체스터턴의 말―'예전에 이단자인 그는 자기가 이단자가 아니라고 말하는 것을 자랑으로 생각했었다. 이단자인 것은 이 세상의 왕국·경찰·재판관 쪽이었다. 그의 이단자는 정통이었다. 그의 자랑은 이 세상 권력자들에게 반항하고 있다는 점이 아니라 애초에 그들 권력자들 쪽이 자신을 거역하고 있었다는 점이었다. (⋯) 이단자인 그 남자는 자기가 정통이고 의로운 자라는 것을 자랑으로 삼고 있다. 혹시 그가 황야 속에 홀로 서 있었다면 그때 그는 한 남자 이상이다. 곧 그는 교회에 다름 아니었던 것이다. 우주의 중심이 그였던바, 별이 운행하는 것은 그의 주변이었다'(G. K. Chesterton, *Heretics*[이단자] I) — 에 **상징적으로** 드러나고 있는 것처럼, '정통의 자각에 의거해 일어서는 이단'이 발생하는 것이다."(58쪽) 왕국과 경찰과 재판관의 법 연관 바깥으로서의 '광야' 위에 홀로 선 자, 교회, 에클레시아ekklesia. 신에 의해 밖으로ek 불러냄을 받은klesia 자, 그리스도의 몸과 하나 된 자. 1967년의 후지타에겐 그렇게 광야 위에 선 자들이 '정통의 자각에 의거해 일어서는 이단'이었던 것이다.

2018년 5월 10일
역자

추신 사적인 번역 초고에 책이라는 공공재의 형질을 부여해주신 '삼인'의 여러분께 감사드린다. 특히나 초고 전반을 세심하고도 깊이 있게 검토해주신 이수경 편집자께, 처음부터 끝까지 출간의 '창구'가 되어주셨던 홍승권 선생님께 깊이 감사드린다.

저자 약력

후지타 쇼조(藤田省三, 1927~2003). 사상사가, 비평가. 도쿄
대 법학부를 졸업했고 1971년 호세이 대학 법학부 교수직을
사직, 출판사의 고전·시민 세미나 조직에 참여했으며, 이후 같
은 대학에 복직했다. 마루야마 마사오의 천황제론을 계승한
미완의 첫 논문 「천황제 국가의 지배원리」(1956)는 천황제 파
시즘 분석을 중심으로 한 전후사상사의 획기적인 비평으로 평
가받는다. 1967년 5월 영국의 계약직을 얻어 일본을 떠나기
직전까지 '정통과 이단' 연구회의 멤버로서 스승 마루야마 및
선배 이시다 다케시와 함께 발제·토론했으며, 쓰루미 슌스케
등과 더불어 '공동연구 전향'의 구성원이기도 했다. 이후 '사상
사보다는 정신사'라는 모토 아래 작업했으며, 과작이었지만 사
후 '현대 일본 최후의 사상가'로 추도되었다. 2003년 직장암
과 폐렴으로 세상을 떠난 뒤 '니시타마 재생의 숲'에 자연장으
로 안장되었다. 『천황제 국가의 지배원리』(1966), 『유신의 정
신』(1967), 『전향의 사상사적 연구』(1975), 『정신사적 고찰』
(1982), 『전체주의의 시대경험』(1995), 『전후정신의 경험』(1·
2, 1996)을 썼고, 생전과 사후에 각각 『후지타 쇼조 저작집』(전
10권, 1997~1998), 『후지타 쇼조 대화집성』(전3권, 2006)이 간
행되었다.

역자 약력

윤인로(尹仁魯, 1978~). 동아대에서 박사논문을 썼고 비평지 『말과활』, 『오늘의문예비평』에 편집위원으로 참여했으며 교토대 인문과학연구소 공동연구원으로 있었다. 『묵시적/정치적 단편들』(2015), 『신정-정치』(2017)를 썼고, '게발트-신-학'이라는 이름의 연작 비평을 위해 몇몇 책을 옮기거나 쓰고 있다.